云南少数民族体育旅游资源产品化开发研究

Research on Productive Development
of Sports Tourism Resources of Yunnan
Minority Nationalities

朱露晓◎著

科学出版社
北京

内 容 简 介

本书利用访谈法、实地考察法、文献资料法和逻辑分析法，梳理了云南25个少数民族的主要体育旅游资源及其分布情况，系统分析了4个代表性少数民族——傣族、哈尼族、彝族、佤族的体育旅游资源的主要内涵、特征及开发利用现状。在此基础上，本书构建了云南少数民族体育旅游资源产品化开发的评价指标体系和评价模型，提出了云南少数民族体育旅游资源产品化开发的地方层级化开发模式，研究制定了云南少数民族体育旅游资源产品化开发的技术规程，开发了4项案例性傣族体育旅游产品，介绍了傣族民族体育旅游建设的范例。

本书对民族学、体育学、旅游学等相关学科领域的研究者具有一定的参考价值，也可供民族传统体育学、旅游管理等相近专业广大教师、研究生和本科生阅读和参考。

图书在版编目（CIP）数据

云南少数民族体育旅游资源产品化开发研究 / 朱露晓著. —北京：科学出版社，2018.12
　ISBN 978-7-03-059755-7

　Ⅰ. ①云⋯　Ⅱ. ①朱⋯　Ⅲ. ①少数民族-民族形式体育-旅游资源-研究-云南　Ⅳ. ①F592.774 ②G852.9

中国版本图书馆 CIP 数据核字（2018）第 271467 号

责任编辑：朱丽娜　刘曹苁　柴江霞 / 责任校对：何艳萍
责任印制：徐晓晨 / 封面设计：润一文化

科 学 出 版 社 出版
北京东黄城根北街 16 号
邮政编码：100717
http://www.sciencep.com

北京虎彩文化传播有限公司 印刷
科学出版社发行　各地新华书店经销
*
2018 年 12 月第 一 版　开本：720×1000　1/16
2018 年 12 月第一次印刷　印张：12
字数：216 000
定价：79.00 元
（如有印装质量问题，我社负责调换）

序

　　云南是中国少数民族最多的省份，人口在 5000 人以上的少数民族有 25 个，分别是：彝族、白族、哈尼族、壮族、傣族、苗族、傈僳族、回族、拉祜族、佤族、纳西族、瑶族、藏族、景颇族、布依族、普米族、怒族、阿昌族、德昂族、基诺族、水族、蒙古族、布朗族、独龙族、满族[①]。早在氏族社会时期，云南就生活着"羌、濮、越"三大族群，他们是云南最早的先民，秦汉时期总称为"西南夷"。后经历代的不断迁徙、分化、演变、融合，到了明、清时期，其分布和特点才趋于稳定。彝族主要分布在滇东北地区，苗族主要分布在滇东和滇东南地区，傈僳族、怒族、独龙族、哈尼族、傣族、拉祜族、佤族、景颇族、布朗族、纳西族、藏族、阿昌族和德昂族等民族主要分布在滇西、滇南、滇西北的广大地区。

　　云南地理情况特殊，地形以山地、高原为主，受地理环境条件的影响，各少数民族呈现出了"大杂居，小聚居"的分布特点。云南 25 个少数民族按主要居住地的地理特征可划分为：白族、回族、傣族、壮族、水族、满族、阿昌族、蒙古族、纳西族、布依族 10 个民族为坝区民族，瑶族、哈尼族、景颇族、布朗族、德昂族、拉祜族、基诺族 7 个民族为半山区民族，彝族、苗族、藏族、怒族、佤族、傈僳族、普米族、独龙族 8 个民族为高寒山区民族[①]。居住在坝区的少数民族的传统体育项目主要反映的是当地少数民族力量与智慧的较量，将美好的祝愿与期望寄托于其中，以期获得精神上的满足，如傣族的泼水、放高升等；居住在半山区的少数民族由于所处的地理环境复杂，所以开展的体育活动往往对场地的要求不

---

　　① 陈炜，杨欣玲，蔡其姣. 2012. 对云南少数民族传统体育文化资源的调查. 体育研究与教育，27（5）：73-76.

高，最为突出的表现是各种形式的攀爬活动，如哈尼族的爬树追逐等；居住在高寒山区的少数民族的传统体育活动呈现出粗犷豪放的风格，运动方式朴实刚劲，崇尚勇敢顽强的运动精神，如佤族的剽牛、拔腰等。据统计，云南少数民族传统体育项目多达 300 余项[1]，居全国之首。

2010 年，第六次全国人口普查结果显示，云南省总人口为 4596.6 万人。其中，汉族人口为 3062.9 万人，占总人口的 66.63%；彝族人口为 502.8 万人，占总人口的 10.94%；哈尼族人口为 163.0 万人，占总人口的 3.55%；白族人口为 156.1 万人，占总人口的 3.40%；傣族人口为 122.2 万人，占总人口的 2.66%；壮族人口为 121.5 万人，占总人口的 2.64%；苗族人口为 120.3 万人，占总人口的 2.62%；回族人口为 69.8 万人，占总人口的 1.52%，傈僳族人口为 66.8 万人，占总人口的 1.45%；拉祜族人口为 47.5 万人，占总人口的 1.03%[2]。彝族、哈尼族、傣族分别是云南省少数民族中人口数量居第一、第二、第四的民族。

西双版纳傣族自治州（简称西双版纳州）成立于 1953 年 1 月 23 日，是云南省第一个成立的少数民族自治州。全州总面积为 1.9 万平方千米，辖 1 市 2 县（景洪市、勐海县、勐腊县），拥有 31 个乡镇和 1 个街道办事处、12 个农场。2010 年，第六次全国人口普查结果显示，西双版纳州汉族人口为 340 431 人，占总人口的 30.03%；各少数民族人口为 793 084 人，占总人口的 69.97%。其中，傣族人口为 316 151 人，占总人口的 27.89%；哈尼族人口为 215 434 人，占总人口的 19.01%；彝族人口为 66 731 人，占总人口的 5.89%；拉祜族人口为 61 504 人，占总人口的 5.43%；布朗族人口为 47 529 人，占总人口的 4.19%；瑶族人口为 22 266 人，占总人口的 1.96%；基诺族人口为 22 124 人，占总人口的 1.95%；苗族人口为 19 055 人，占总人口的 1.68%[2]。傣族、哈尼族、彝族是西双版纳州少数民族中人口数量居前三位的少数民族，所以从少数民族人口数量所占比例及结构审视，西双版纳州可谓浓缩了的"彩云之南"。

云南少数民族众多，限于本书篇幅，不可能对每一个少数民族均进行全面深入的体育旅游资源产品化开发研究。从云南少数民族居住地特征、人口数量等方面审视，傣族主要居住于坝区且人口数量居云南少数民族第四位，哈尼族主要居

---

① 潘珂. 2010. 云南省民族体育旅游资源与发展契机研究. 文山学院学报，23（3）：30-32.
② 云南省统计局，云南省第六次全国人口普查办公室. 云南省第六次全国人口普查主要数据公报. 云南日报，2011-05-10（05）.

住于半山区且人口数量居云南少数民族第二位，佤族是典型的主要居住于边远山区的民族，彝族是分布范围最广的民族①（云南全省大多数县均有分布）且人口数量居云南少数民族第一位，所以选择傣族、哈尼族、佤族、彝族的体育旅游资源作为本书研究工作中的代表性少数民族。鉴于西双版纳州特殊的少数民族数量、人口结构分布等，本书选择西双版纳州为云南少数民族体育旅游资源的主要调查地之一，选择西双版纳州勐海县勐景来村开展（傣族）民族体育旅游建设示范。

朱露晓

2018 年 5 月

---

① 巴莫（阿依）石布嫫，陈海汶（摄影）. 2013. 彝族中国西南分布最广支系最多的民族. 中国国家地理，（6）：142-145.

前言

　　少数民族体育旅游资源是将少数民族体育资源融入旅游资源中，实现少数民族体育与旅游的有机结合，通过旅游实现少数民族体育价值功能的一种特色旅游资源。少数民族体育旅游是近年来兴起的一种旅游形式，它既可以优化产业结构，为经济发展提供新的增长点，又可以推动少数民族传统体育文化的传播、传承、保护和发展，正成为一个被广泛关注的研究热点。本书从旅游产业的视角，以云南少数民族传统体育旅游资源调查分析为切入点，对少数民族体育旅游资源产品化开发的主要过程和重点环节进行系统深入的分析和研究。全书共七章，主要内容如下。

　　第一章提出根据内涵，由大到小对少数民族传统体育旅游资源进行分类，将云南少数民族体育旅游资源分为资源类、资源属和资源元 3 个层次；将云南少数民族体育旅游资源分为竞技类、游戏类、舞蹈类、表演类、节庆类、养生类 6 个类别。这一章简要介绍了云南 25 个少数民族的体育旅游资源的特征、分布情况等，综合分析了云南少数民族体育旅游资源开发现状。

　　第二章通过访谈、实地考察、文献资料、逻辑分析等方法，全面分析了傣族、佤族、哈尼族、彝族 4 个代表性少数民族的典型体育旅游资源的主要文化内涵和文化特征，梳理了 4 个代表性少数民族已开发的体育旅游资源、可开发（待开发）的体育旅游资源情况。

　　第三章运用 SWOT[①]分析法，研究了傣族、佤族、哈尼族、彝族 4 个代表性少

---

　　① SWOT 即优势（strengths）、劣势（weaknesses）、机遇（opportunities）、挑战（threats）。

数民族的体育旅游资源开发条件、开发优势、开发前景等，为云南少数民族体育旅游资源产品化开发提供战略决策依据，创建了云南少数民族体育旅游资源产品化开发的定量评价模型，提出运用层次分析法和德尔菲法确定评价体系中各个评价指标的权重系数，运用模糊数学 10 分制记分法对云南少数民族体育旅游资源进行模糊定量评价，建立了云南少数民族体育旅游资源产品化开发的定量评价指标体系。依据《旅游资源分类、调查与评价》（GB/T18972—2003）资源等级划分标准，对云南少数民族体育旅游资源进行了定量评价。

第四章利用文献法，梳理分析了 1997—2017 年国内学者在少数民族体育旅游研究方面的相关成果，系统分析了我国少数民族体育旅游研究的主要发展历程、开发模式、发展趋势等，重点剖析了云南少数民族体育旅游研究未来的发展方向；从文化经济学的视角，基于地方文化经济理论，结合云南少数民族传统体育旅游资源条件，提出了云南少数民族体育旅游的地方层级化开发模式；根据云南少数民族体育旅游资源的特点，从旅游产品创意开发设计的视角，提出了对少数民族体育旅游资源进行产品化开发的保存、转化、修复、更新等 4 种手段及开发原则。

第五章运用所建立的云南少数民族体育旅游资源产品化开发的定量评价指标体系，对傣族体育旅游资源进行了产品化开发定量评价；依据《旅游资源分类、调查与评价》（GB/T18972—2003）资源等级划分标准，评估了 31 种傣族体育项目的旅游资源等级；将地方层级化开发模式应用于傣族体育旅游资源产品化开发，根据评估结果以及产品类型的代表性等，选取孔雀舞、打谷壳、傣拳、团结舞、象脚鼓舞与丢包组合产品 5 种傣族体育旅游资源进行地方层级化开发示范；运用体育旅游资源产品化开发的 5 种手段，将 5 种傣族体育旅游资源开发为实用体育旅游产品。

第六章研制了云南少数民族体育旅游资源产品化开发技术规程，包括项目场地选择与建设、开发项目选择评估依据及程序、项目的产品开发与实施、产品运营技术等各个环节的理论依据和技术规程。

第七章在综合分析所开发的案例性体育旅游产品的特色、技术要求、开展条件、环境基础等诸多因素的基础上，将所开发的孔雀舞（观赏型体育旅游产品）、打谷壳（参与型体育旅游产品）、傣拳（参与型体育旅游产品）、团结舞（康体型傣族体育旅游产品）、象脚鼓舞与丢包组合产品（传承型体育旅游产品）等 5 种体育旅游产品,在西双版纳州勐海县勐景来景区进行傣族体育旅游产品经营示范。

　　本书的部分研究工作得到了云南省科技惠民计划、民族教育信息化教育部重点实验室、云南省高校民族教育与文化数字化支撑技术工程研究中心的资助支持,在此表示衷心致谢。由于少数民族体育旅游是一种正在兴起的旅游形式,涉及体育学、民族学、旅游学等诸多学科,旅游业是一个涉及多方利益主体的特殊产业,所以对于少数民族体育旅游资源的产品化开发研究既是一个相对较新的课题,又是一个较为复杂的难题,且到目前为止尚无可供借鉴的同类专著,加之笔者水平有限,书中疏漏及不足之处在所难免,欢迎专家、学者及广大读者朋友批评指正。

朱露晓

2018 年 5 月

目录

图 目 录

表 目 录

第一章

云南少数民族体育旅游资源及其开发现状

在云南这块被漫长的地质运动反复雕琢过的大地上，雪域高原与热带雨林共存，高山深谷和阔坝平湖相间，集结了全国50%以上的动植物种类，见证了26个民族生存发展的历史。地处中华文化圈、印度文化圈与东南亚文化圈交汇点的云南，不但是亚洲各民族文化系统网络重要的节点，而且是人类文化遗产珍贵的共生宝库，各民族文化的乡土性、边缘性、包容性，最终催生了今日洋洋大观的民族文化多样性。云南特有的山川地貌和人文特质，注定了这片历经千年沧桑的土地总会以它卓然特殊的自然环境、浓郁神秘的民俗风情、绚丽多姿的少数民族体育文化散发出弥久愈盛的诱人气息。

第一节 云南少数民族概况

2010年，全国第六次人口普查结果显示，云南省总人口为4596.6万人[①]，位居全国第12位，其中，少数民族人口为1533.7万人。云南是少数民族种类最多的省份，除汉族外，人口在5000人以上的世居少数民族有25个。其中，白族、哈尼族、傣族、傈僳族、佤族、拉祜族、纳西族、景颇族、布朗族、阿昌族、普

---

① 本章中涉及的人口数据均来自：云南省统计局，云南省第六次全国人口普查办公室. 云南省第六次全国人口普查主要数据公报. 云南日报，2011-05-10（05）.

米族、德昂族、怒族、基诺族、独龙族 15 个少数民族为云南特有少数民族，云南由此成为我国特有少数民族最多的省份。在少数民族中，人口超过 100 万人的民族有 6 个，即彝族、哈尼族、白族、傣族、壮族、苗族。云南少数民族人口超过全省总人口的 1/3，是全国少数民族人口超过千万的 3 个省区（广西、云南、贵州）之一。云南少数民族分布表现为大杂居与小聚居交错，且多居住在边疆和山区。有的民族既有一定的聚居区，又杂居于其他民族中；有的民族高度集中于一个州（市），甚至一个县、乡中；有的民族则散居于城镇、交通沿线，或以村寨聚居。全省没有一个县是单一民族居住的县，回族、彝族在云南省大多数县均有分布。

彝族：云南彝族约有 502.8 万人，主要分布于楚雄彝族自治州（简称楚雄州）、红河哈尼族彝族自治州（简称红河州）、玉溪市、大理白族自治州（简称大理州）、普洱市和昆明市。云南是彝族支系分布最多的省，主要的支系有诺苏、纳苏、聂苏、罗罗、腊鲁、撒尼、阿细、阿哲、葛濮、朴拉、勒苏、他鲁等。彝语属汉藏语系藏缅语族彝语支，有 6 种方言，25 种土语。彝族有本民族文字，其是一种超方言的音节文字。彝族先民在历史上曾用彝文写下了许多历史、宗教、文学、天文和医学等方面的著作，并留下了大量的镌字崖石刻和金石铭刻，创制过 10 个月为 1 年的太阳历，并有《历算书》《十二兽历法》《太阳历》等彝文典籍，彝文药典《齐苏书》的成书时间比明代李时珍的《本草纲目》还早 12 年。曲焕章研制出了著名的"云南白药"。彝族的宗教属原始宗教、信仰万物有灵。每年农历六月二十四或二十五是彝族最普遍而又隆重的节日——火把节，此外还有滇东南撒尼人、阿细人的密枝节，滇中楚雄的插花节、赛装节，滇南纳苏、聂苏支系的"咪嘎哈节"等。

哈尼族：哈尼族是云南的特有民族之一，约有 163.0 万人，主要分布于红河州、西双版纳州、普洱市和玉溪市。哈尼语属汉藏语系藏缅语族彝语支，内部分为哈雅、碧卡和豪白 3 种方言。哈尼族有一整套系统的生态伦理思想，其核心主旨是自然中心主义。迁徙历史和梯田稻作是哈尼族文化赖以萌芽、生长和构建的两大基础。元阳哈尼梯田是省级风景名胜区。哈尼族的节日大致包括 3 种类型，代表性的节日有"扎勒特"（十月年）、"昂玛突"（祭寨神）、"苦扎扎"（六月年）等。节日庆典活动既是一年四季更替的转折点，又是不同季节梯田稻作耕作程序交替过渡的标志。

白族：白族是云南的特有民族之一，约有 156.1 万人，主要分布于大理州。白族语言属汉藏语系藏缅语族白语支，近 60%词汇为汉语借词，多数人通晓汉语。

白族经济以农业为主，手工业、商业较为发达，生产水平基本与周围汉族相同。科学文化艺术水平较高，在冶金、建筑、医学、史学、文学、音乐、舞蹈、戏曲、绘画、雕刻、历法、水利等方面都有自己的特点。大理崇圣寺三塔、《南诏中兴国史画卷》、《张胜温画卷》、剑川石窟石雕等闻名中外。白族待客通常用 "八大碗"。敬"三道茶"是白族的一种重要礼仪，常用于接待贵宾。"一坊一廊""两坊一耳""三坊一照壁""四合五天井"的白族民居独具特色。白族主要信仰佛教和本民族特有的本主神，也有人信仰道教和原始宗教。传统节日有三月街、"绕三灵"、火把节、石宝山歌会等 70 余个。

傣族：傣族是云南的特有民族之一，约有 122.2 万人，主要分布于西双版纳州、德宏傣族景颇族自治州（简称德宏州）、普洱市和临沧市。傣语属于汉藏语系壮侗语族壮傣语支。傣文是一种拼音文字，较通用的现称西双版纳傣文和德宏傣文。傣族普遍信仰小乘佛教（又称南传上座部佛教），同时还信仰原始宗教。开门节和关门节是两个重要的宗教节日，分别在傣历的九月十五日（公历 7 月左右）和十二月十五日（公历 10 月左右）举行。最重大的传统年节是傣历六月（公历 4 月左右）的泼水节，节日期间，举行浴佛、丢包、放高升、赛龙舟等活动。傣族文化的基本特点是：水稻栽培，善作舟楫，冶金技艺，纺织制陶，干栏式建筑，文身饰齿。稻作文化是傣族文化的核心。

壮族：云南壮族约有 121.5 万人，主要分布于文山壮族苗族自治州（简称文山州）、红河州和曲靖市。壮语属于汉藏语系壮侗语族壮傣语支。壮族源于我国南方的古代越人。在生活习俗上，壮族一直保留着古代越人"断发文身"的习惯。壮族有祭献"老人厅"、"打木槽"、过小节、祭龙、"赶花街"等具有本民族特色的节日。"赶花街"时，青年男女盛装打扮，女青年借用绣球来传递爱情。

苗族：云南苗族约有 120.3 万人，主要分布于文山州、红河州和昭通市。苗语属汉藏语系苗瑶语族苗语支。苗族迁入云南最早是在唐代，大量迁入则是在明、清以后。一年一度的花山节是苗族的传统佳节。花山节这天，首先由"花杆头"向前来参加的人们敬酒、祝福，随后宣布花山节活动开始，花山场内锣鼓齐鸣。此外，苗族还有尝新节、端午节等。在苗族中广泛流传的民间口头文学有民歌、情歌、传说、故事、谚语等。苗族的芦笙舞也极具特色。

回族：云南回族约有 69.8 万人，主要分布在昆明市、大理州、曲靖市、楚雄州、红河州和玉溪市，有"大分散、小集中"和围绕清真寺"聚族而居"的显著特点。回族信仰伊斯兰教，主要有开斋节、古尔邦节、圣纪节三大节日。

傈僳族：傈僳族是云南的特有民族之一，约有 66.8 万人，主要分布于怒江傈僳族自治州（简称怒江州）、迪庆藏族自治州（简称迪庆州）、丽江市和大理州。傈僳语属汉藏语系藏缅语族彝语支，有怒江方言和金江方言两种，甚至与缅甸、泰国、印度等国的傈僳话也相通。傈僳族群众普遍信奉原始宗教，也信仰基督教、天主教。其民间口传文学艺术较为丰富，以讲述和歌唱的方式传承下来，有自己丰富的民歌、音乐和舞蹈等。民族体育运动有着悠久的历史传统，射弩箭是傈僳族的强项，具有惊、险、奇、绝等特色。每年 12 月 20 日是传统节日"阔时节"，节日期间有"跳火海、上刀山"和身背溜邦"飞渡怒江"等绝技表演。

拉祜族：拉祜族是云南的特有民族之一，约有 47.5 万人，主要分布于普洱市、临沧市和西双版纳州。拉祜语属汉藏语系藏缅语族彝语支。宗教信仰主要有原始宗教、大乘佛教、基督教、天主教，以原始宗教的信仰最为广泛。传统节日有春节（扩塔节）、火把节、尝新节、月亮节、祭祖节、清明节、二月八、圣诞节、洗手节等。拉祜族的民间文学流传最为广泛，具有创世纪性质的著名长篇史诗《牡帕密帕》是集政治、经济、文化、历史于一体的拉祜族文化"百科全书"，是拉祜族民间文学的珍品。拉祜族是一个能歌善舞的民族，舞蹈种类繁多，多属广场舞，一般由男子吹弹乐器在前引导，女子列队环舞于外围。

佤族：佤族是云南的特有民族之一，约有 40.1 万人，主要分布在临沧市和普洱市。佤族语言属南亚语系孟高棉语族佤语支。佤族信仰原始宗教。佤族善于使用干支纪年纪日，作为取名、祭祀、出行、办事的依据。佤族创造了丰富多彩的口头文学，其中有神话、传说、诗歌、寓言、民谣、谚语、童话、叙事长诗、抒情长诗等。"司岗里"的传说讲述了佤族先民的最初来源。佤族主要节日有过大节（即春节）、农历八月十四日新米节、农历三月初一取新火节、农历四月撒种节、盖新房，其中以新米节、撒种节和盖新房最为隆重。从前，佤族在盖新房、婚礼、丧礼时都要"剽牛"。

纳西族：纳西族是云南的特有民族之一，约有 31 万人，主要分布于丽江市和迪庆州。纳西语属于汉藏语系藏缅语族彝语支。纳西族有两种文字：一种是表意的图画象形文字，民间称"斯究鲁究"；另一种是表音的音节文字，民间称"哥巴文"。纳西图画象形文字在国际学术界有"唯一保留完整的活着的象形文字"之誉，至今，尚有 2 万多卷纳西族本土宗教——东巴教经典用这种象形文字写成，收藏在中国和欧美各国的图书馆、博物馆中。中国历史文化名城——丽江大研古城，是中国建筑史上的一个奇观，被联合国授予"世界文化遗产"称号。纳西族是一个信仰多种宗教的民族，既信仰本民族的本土宗教——东巴教，也信仰藏传佛教、汉传佛教和道教。纳西族还创造出了融汇各民族多元文化因素的"白沙壁画""纳西古乐"等民族艺术精品。历史上，纳西族的铜、皮革等传统手工业比较发达，产品销往滇、川、藏各地。每年农历二月初八的"三朵节"是其最盛大的节日，人们围在篝火旁，跳起欢快的"阿哩哩"。

瑶族：云南瑶族约有 22 万人，主要分布于文山州和红河州。云南瑶族有蓝靛瑶、过山瑶、山瑶和景东瑶四个支系。云南蓝靛瑶和过山瑶大致在唐末即已使用方块瑶文。蓝靛瑶和过山瑶全民信仰瑶族道教（或称瑶传道教）。瑶族道教的典籍和瑶族歌书等被称为"瑶人文书"，备受重视，被视为瑶族文化宝库。云南瑶族除了过农历十月十六日的盘王节外，还有 "达努节"、春节、三月三、端午节、七月十四等节日。

景颇族：景颇族是云南的特有民族之一，约有 14.3 万人，主要分布于德宏州。其包括景颇、载瓦、勒期和浪俄 4 个主要支系，其中载瓦支系占景颇族人口的 80% 左右。景颇语属汉藏语系藏缅语族，有景颇和载瓦两种方言。景颇族主要信仰万物有灵的原始宗教。近代，随着基督教的传入，也有部分人信仰基督教。景颇族的文学形式有史诗、神话传说、民间故事、歌谣、谚语、情歌等。宗教祭司"洞萨"念的经词也是一种宗教文学。景颇族的声乐有古老的歌谣和现代的民歌两种。古老的歌谣旋律简单，音域高亢辽阔。乐器有象脚鼓、铓锣、钹、三比（管乐器）和三弦等。景颇族能用简单的编织工具织出 300 多种绚丽美观的图案。每年农历正月十五"目瑙纵歌节"是其传统的盛大节日，一般举行 4 天。人们穿着盛装，会聚于目瑙纵歌场，尽情欢舞。

藏族：云南藏族约有 14.2 万人，主要分布于迪庆州。藏语属汉藏语系藏缅语族藏语支，有卫藏、安多、康巴三大方言。云南藏语属康巴方言。云南的藏族生产以农业和畜牧业为主。藏族普遍信仰藏传佛教。藏族人能歌善舞，德钦"弦子"、香格里拉"锅庄"、塔城"热巴"各具特色。云南藏族有自己的节日，如正月十五祈愿大法会、五月端午赛马大会、七月"旺果"节、冬月二十九跳神会等。

布朗族：布朗族是云南的特有民族之一，约有 11.7 万人，主要分布于西双版纳州、普洱市和临沧市。布朗语属南亚语系孟高棉语族布朗语支。布朗族有着较丰富的口头文学，民间流传着许多故事诗、抒情诗、叙事诗，题材广泛，优美动人。布朗族的"刀舞"动作舒展大方，"圈圈舞"热烈欢快。每逢佳节盛行"跳歌"，通宵达旦。布朗族民间曲调分为索调、宰调、甩调、其调4种。西双版纳的布朗族谈恋爱有"赠白花"的独特方式。男子有文身习俗。勐海山区的布朗族盛行丈夫随妻居住3年的习俗，期满再举行一次婚礼，然后携妻带子回夫家。布朗族有的信仰神灵，崇拜祖先，有的信仰小乘佛教。布朗族喜爱喝茶，也善于种茶。布朗山茶叶是制作驰名中外的普洱茶的主要原料，还有制作工艺独特的竹筒茶。

布依族：布依族约有5.9万人，主要分布在曲靖市。布依语属于汉藏语系壮侗语族壮傣语支。布依族信仰多神教，崇拜祖先，信土地神，把奇石、大树、山、河、井、岩洞、铜鼓等作为有神灵之物而供祭。布依族人民创造了丰富多彩的民间文学、艺术和医药。布依族刺绣和织锦历史悠久，石、木雕刻技艺复杂，样式繁多，具有较高的艺术价值。布依族草医草药在治疗外伤、骨伤和地区性疾病方面具有特效。布依族主要节日有春节、端午节、三月三、四月八、六月六等。

普米族：普米族是云南的特有民族之一，约有4.2万人，主要分布于丽江市、怒江州和迪庆州。普米族有自己的语言，属汉藏语系藏缅语族。少数普米族地区有原始的图画文字，但流传不广。普米族信仰藏传佛教、道教等，存在浓厚的自然崇拜和多神信仰。普米族有独特的丧葬习俗。普米族的文学艺术丰富多彩，其叙事诗《白狼诗歌》、记载传统习惯法规的《古利歌》《请神歌》等世代传唱。普米族最流行的交谊方式是"对歌"，无论婚、丧、节庆，都要"对歌"。普米族的主要节日有大过年（春节）、大十五节、转山会、尝新节等。

阿昌族：阿昌族是云南的特有民族之一，约有3.8万人，主要分布于德宏州和保山市。阿昌语属汉藏语系藏缅语族缅语支。阿昌族的信仰随地域不同各有特点，普遍信仰神灵，崇拜祖先，也有信仰小乘佛教的。阿昌族有丰富的口头文学和民间艺术，有传说、故事、歌谣，有耍灯、跳象脚鼓舞、跳猴舞、蹬窝乐、耍白象等多种歌舞形式。"对歌"是较为通俗的情感交流方式。阿昌族手工业较发达，门类很多，其中以打铁最为著名。男女均有嚼槟榔的习惯，俗以齿黑为美。每年农历正月初四的"窝乐节"是传统民族节日，此外还有"关门节""开门节"等节日。

怒族：怒族是云南的特有民族之一，约有3.2万人，主要分布于怒江州。怒语属汉藏语系藏缅语族。怒族没有文字，本民族的诗歌、曲调、传说、故事等均靠口口相传一代代延续下来。怒族大部分人崇尚原始崇拜。传统节日主要有若卷、汝为、夸白、仙女节等。怒族人民能歌善舞，乐器有琵琶（怒语称"达比亚"）、口弦、笛子、葫芦笙等，其中以琵琶流行最广，许多老人和青年男子都能演奏，演奏的乐曲有 40 多种。

基诺族：基诺族是云南的特有民族之一，约有 2.3 万人，主要分布于西双版纳州。基诺族自称"基诺"，意为"舅舅的后代"或"尊敬舅舅的民族"。基诺族有自己的语言，属汉藏语系藏缅语族彝语支的一种，并分基诺山基诺语和补远山基诺语两种方言。基诺族信仰万物有灵和祖先崇拜，崇拜太阳，太阳鼓是其最重要的法器，太阳鼓舞是其最具代表性的舞蹈。历史上，各村寨实行长老管理村寨制度，基诺族从事农业生产基本上都是"刀耕火种"。基诺族有如创世纪说、村寨长老制、父子连名式命名制等民族传统文化。传统节日有打铁节、新米节、特懋克节、火把节和成年礼等。

蒙古族：云南蒙古族约有 2.3 万人，主要分布于玉溪市通海县兴蒙蒙古族乡。居住在云南的蒙古族是元朝随军至云南后落籍通海的。云南蒙古族使用的语言是一种特有的、独立的语言，只有少数词汇与北方蒙古语一样。其姓氏中仍保留着旃、期、奎、华等具有民族特点的姓氏。蒙古族信奉万物有灵。农历四月初二是"鲁班节"。20 世纪 80 年代初，蒙古族恢复了"那达幕"节，也过春节、清明节、端午节、中秋节和火把节等节日。蒙古族喜歌善舞，传统的乐器是龙头四弦琴。

德昂族：德昂族是云南的特有民族之一，约有 2 万人，主要分布于德宏州和临沧市。德昂族源于古代的"濮人"，公元前 2 世纪居住在怒江两岸的广大地区，属于云南的土著民族。有红德昂、花德昂和黑德昂 3 个支系。德昂语分布雷、若马、纳盎 3 种方言，属南亚语系孟高棉语族佤语支。德昂族信仰小乘佛教，有自己的宗教节日，其中关门节、开门节、泼水节和"烧白柴"较为隆重。德昂族有文身习俗。德昂族古歌《达古达楞格来标》叙述了德昂族的起源，并由德昂族民间歌手一代代往下传。象脚鼓舞是其在重大节日最具代表性的舞蹈。

满族：云南的满族约有 1.4 万人，分布却很广，主要分布于昆明市、保山市、普洱市、德宏州、曲靖市、临沧市、红河州、楚雄州等地。云南的满族最早是清朝初年来的。每年农历十月十三是满族传统节日——颁金节。颁金即满语诞生之意。

水族：云南的水族约有 8830 人，主要分布于曲靖市。水语属汉藏语系壮侗语族侗水语支，今云南水族通用汉语。水族信奉万物有灵和灵魂不死。水历以月相变化的周期定月份，一年分为 12 个月。其主要节日为"端节"，时值大季收割、小季播种的年终岁首阶段，相当于汉族过春节。节日期间要设素席祭祖、祭祀和赛马。婚俗有独特的"吃小酒"和"吃大酒"仪式。水族十分重视丧葬，每一个细小环节都要请水书先生来主持，严格按水书条文去办。水族民间舞蹈主要有斗角舞、铜鼓舞、芦笙舞等。水族刺绣、剪纸、印染、木刻、石刻、银器加工和竹编织工艺等都颇有特色。

独龙族：独龙族是云南的特有民族之一，约有6300人，主要分布于怒江州。独龙语属汉藏语系藏缅语族。独龙族信仰万物有灵，并认为人死后其亡魂会变成一种色彩艳丽的蝴蝶。所以，在独龙族的文化特征中，女性文面曾是一种独特的文化现象，存在至20世纪60年代末。居住在独龙江下游的独龙族还信仰基督教。独龙族一年只有一个节日，独龙语称其为"卡雀瓦"，意为年节。节日的具体时间由各家或各个家族据粮食收获的时间自己择定，一般都在农历的冬月和腊月，欢度两天或四五天不等。年节里最隆重的仪式是剽牛，祈祷上天保佑。独龙族的麻布毯、竹盒、兜箩等造型别致，是难得的民族手工艺品。

第二节　云南少数民族体育旅游资源分类及其分布特征

少数民族体育作为一种历史传承下来的文化形态，指的是各少数民族传统的养生、健身和娱乐体育活动的总和。而少数民族体育旅游则是指少数民族地区充分利用本地区民族传统体育资源，以旅游产品的形式，为游客提供融健身、娱乐、休闲、交际等各种服务于一体的经营性项目。因此，从广义上讲，云南少数民族体育旅游资源是指为实现旅游目的且可供开发的云南少数民族体育资源，包括一切云南少数民族文化中具有旅游吸引潜力的体育事物（含人物）和体育现象。

一、云南少数民族体育旅游资源的分类

云南少数民族体育旅游资源的内涵极为丰富，其可以根据体育旅游资源内涵的从属关系进行分类。依据内涵，由大到小，少数民族体育旅游资源可分为三个

层次：资源类、资源属、资源元。具体而言，体育旅游资源类是含义最广泛的一个类目，从内涵属性上可划分为竞技类、游戏类、舞蹈类、表演类、节庆类、养生类。体育旅游资源属是体育旅游资源类的二级下属类目，每个类又可分为不同的属。而体育旅游资源元则是最小的体育旅游资源概念，即具体的某一项体育旅游资源项目的名称。

云南少数民族体育旅游产品主要根据目前少数民族体育旅游产品的市场结构、功能特色进行分类，主要分为五类：第一是康疗健身类，满足人们的运动保健需求；第二是体验系列类，满足人们的参与需求；第三是艺术表演类，满足人们的观赏、表演需求；第四是节庆活动类，包含传统和现代开发的少数民族体育节事；第五是专项体育旅游产品类，供有特殊体育旅游需求的游客选择。各类型之间并无严格界限，多数项目既适合这种类型，又适合另一种类型，所以类型的划分是相对的。

二、云南少数民族体育旅游资源种类及分布情况

云南少数民族传统体育项目历史悠久，种类繁多，为旅游业发展提供了可直接利用的宝贵资源。根据调查研究，云南25个少数民族主要传统体育旅游资源种类及分布情况见表1-1。

表1-1　云南25个少数民族主要传统体育旅游资源种类及分布情况

类型	民族	少数民族主要传统体育旅游资源	主要分布地区
云南特有少数民族	白族	赛花船、绕三灵、打霸王鞭、跳八角鼓、打陀螺、跳火把、耍海会、人拉人拔河、老虎跳、跳花棚、赛马、射箭、磨秋、荡秋千、耍龙、白族武术等	大理州、昆明市、丽江市、保山市、怒江州等
	哈尼族	磨秋、荡秋千、跳高跷、打石头架、踩高跷、跳猴子、哈尼族武术、摔跤、抵肩、跳竹竿、掷鸡毛球、射击、打陀螺、跳大海、射弩、斗牛、阿弩塔拉手、射箭、角抵戏、铓鼓刀、爬树追逐等	红河州、西双版纳州，以及江城县、墨江县、宁洱县、元江县、澜沧县等
	傣族	赛龙舟、斗鸡、打篾弹弓、打陀螺、放高升、打水枪、傣族武术、赛马、鸭子赛跑、青蛙赛跑、抓子、踢藤球、独木舟、游泳、傣拳、丢包、射箭、象脚鼓对踢、堆沙、孔雀舞、放孔明灯等	西双版纳州和德宏州，以及孟连县、耿马县、景谷县、元江县、新平县、双江县、金平县等
	傈僳族	爬绳、爬刀杆、爬树、跳高、扒爬子、爬山、顶杠扭扁担、尼昂急、跳牛、踢脚、溜索、四方拔河、游泳、球戏、滑板子、拉绳、拿石头、打陀螺、磨秋、荡秋千、车秋、投掷、砍竹竿、弩弓射箭、射靶耙、射鸡蛋、射刀刃、泥弹弓等	怒江州及维西县

续表

类型	民族	少数民族主要传统体育旅游资源	主要分布地区
云南特有少数民族	佤族	脚斗、顶杠、跳高、抢石、拉木鼓、跳木鼓、骑射、射弩、摔跤、拔腰力、鸡棕陀螺等	以西盟县、澜沧县为主，其次有孟连县、耿马县、双江县、镇源县等
	拉祜族	爬滕、哈嘛郭、投茅、甩糖包、游泳、拉祜族武术、赛马、射箭、摔跤、踩高跷、掷鸡毛球、荡秋千、掰手腕、赶猪、打马桩、踩脚架、丢包、打陀螺、跳葫芦笙等	澜沧县、孟连县、双江县、镇源县等
	纳西族	投石器、赛马、摔跤、猪尿泡球、荡秋千、转山转海、射箭、赛跑、东巴跳、登刀梯、母鸡棋、踢毽子、拔河、训牛、掷玩等	香格里拉市及维西县、永胜县、宁蒗县等
	景颇族	景颇族武术、担杆、顶械、跳高、跳远、爬滑竿、打弹弓、蛇龙、摔跤、荡秋千、走子棋、打汤跌、目瑙纵歌等	芒市、瑞丽市、盈江县、陇川县、梁河县等
	布朗族	爬竿、踢藤球、荡秋千、打陀螺、跑马、登山、思略兰、亚嘟嘟、跳大鼓、布朗族武术、猎绳秋等	勐海县、澜沧县
	阿昌族	耍白象、赛马、射弩、泼花水、阿昌族武术、荡秋千、蹬窝乐等	陇川县、梁河县、芒市等
	普米族	射箭、掷鸡毛球、射弩、板羽球、跳高、摔跤、荡秋千、赛跑、转山转海、划猪槽船等	怒江州的兰坪县和丽江市的宁蒗县
	德昂族	射弩、德昂族武术、打弹弓、跳象脚鼓	芒市、镇康县等
	怒族	怒球、溜索、射弩、跳竹、荡秋千、爬绳、老鹰捉小鸡、老熊抢猪头、划猪槽船等	泸水市及贡山县、福贡县、兰坪县等
	基诺族	丢包、打毛毛球、拔膝条、高跷踢架、羊打架、泥弹弓、丢石头、跳竹竿、扭竹竿、翻竹竿、顶竹竿、跳牛皮鼓、牛尿泡球、射箭、射弩、火药枪射击、拉绳秋、打太阳鼓等	西双版纳州景洪市基诺山等
	独龙族	独龙天梯、溜索、绳梯、掰手腕、跳高、撑竿跳高、老熊抢石头、打标枪、射弩、投石器、拉姆等	贡山县等
云南非特有少数民族	水族	赛马、狮子登高、跳桌子、荡秋千等	富源县、彝良县
	彝族	摔跤、飞标、磨秋、车秋、荡秋千、葫芦飞雷、打陀螺、飞石索、弹弓、弩弓、骑术、十六赶将军、月亮棋、跳牛、跳板凳、跳大棋、球类游戏、追逐游戏、弹戏、抛投游戏、打霸王鞭、游术、潜水、打棒、日尔嘎、杠术、扭扁担、罗尼余、取蜂、打火把、火射、射击、彝族武术、打歌等	楚雄州、红河州，以及峨山县、石林县、元江县、寻甸县、景东县、景谷县、镇源县、宁洱县、禄劝县等
	壮族	壮族武术、抛绣球、抢炮、走马、角刀、射柳、磨秋、车秋、荡秋千、踩高跷、打房烈等	广南县、砚山县、富宁县、西畴县、丘北县等
	苗族	掷石、射弩、磨秋、荡秋千、车秋、骑马、跳狮子、摔跤、穿针赛跑、绩麻赛跑、穿花衣（花裙）赛跑、登山、掷鸡毛球、打布球、踢脚架、踢草球、踢老虎、斗牛、斗马、拔鼓、跳棍、拘狗、跳香、叠人、跳月、走竹竿、跳芦笙、踩鸡蛋、爬花杆、跳枕头、苗族武术等	文山州及屏边县、禄劝县等
	回族	回族武术、气功、赛马、把小腰、掰手腕、扭扁担、拧手指头、踢毛毽、斗牛、耍狮子、叠罗汉、游泳等	寻甸县、巍山县等
	藏族	射箭、赛马、荡秋千、跳高、跳绳、双人拔河、顶头、顶牛角、打五海花、丢窝等	迪庆州

续表

类型	民族	少数民族主要传统体育旅游资源	主要分布地区
云南非特有少数民族	瑶族	打陀螺、对顶木杠、芦笙长鼓舞、伞舞、刀舞、盾牌舞、瑶拳等	文山州、红河州
	布依族	划竹排、赛马、布依族武术、荡秋千、耍狮子、丢包等	罗平县、富源县、师宗县等
	蒙古族	游泳、赛马、划船、荡秋千、蒙古族武术、摔跤、跳乐等	通海县等
	满族	赛马、射箭、摔跤、滑冰车、轱辘冰、踢行头、举石锁、射柳、抽冰猴、滑竹等	人口较少，但分布非常广泛

注：江城县是江城哈尼族彝族自治县的简称；墨江县是墨江哈尼族自治县的简称；宁洱县是宁洱哈尼族彝族自治县的简称；元江县是元江哈尼族彝族傣族自治县的简称；澜沧县是澜沧拉祜族自治县的简称；孟连县是孟连傣族拉祜族佤族自治县的简称；耿马县是耿马傣族佤族自治县的简称；景谷县是景谷傣族彝族自治县的简称；新平县是新平彝族傣族自治县的简称；双江县是双江拉祜族佤族布朗族傣族自治县的简称；金平县是金平苗族瑶族傣族自治县的简称；维西县是维西傈僳族自治县的简称；西盟县是西盟佤族自治县的简称；宁蒗县是宁蒗彝族自治县的简称；兰坪县是兰坪白族普米族自治县的简称；贡山县是贡山独龙族怒族自治县的简称；峨山县是峨山彝族自治县的简称；石林县是石林彝族自治县的简称；寻甸县是寻甸回族彝族自治县的简称；景东县是景东彝族自治县的简称；禄劝县是禄劝彝族苗族自治县的简称；屏边县是屏边苗族自治县的简称；巍山县是巍山彝族回族自治县的简称。下文提到这些县时将使用简称。

三、云南少数民族体育旅游资源的主要特征

（一）种类的多样性和分布的广泛性

云南少数民族体育旅游资源的分布非常广泛，有少数民族的地方就有少数民族体育旅游资源。体育旅游资源是全省各民族社会文化生活和行为方式的集中体现，涉及宗教、历史、文化、生产、生活等多个领域，充分体现了云南少数民族社会生活中的行为技艺特征，与地理环境、社会文化息息相关，是少数民族社会生产生活等各方面的展现。

（二）资源的地域性和种类的独特性

由于云南少数民族生活环境的差异性，特殊的地貌形态、气候和水文条件等，造就了不同的体育旅游资源环境特征，从表 1-1 可看出，各民族的体育旅游资源体现出明显的地域差异，特别是居住在不同海拔地区的不同少数民族之间的体育旅游资源具有明显的垂直差异性，如傣族的赛龙舟、白族的耍海会、傈僳族的溜索。同时，由于民族文化的多样性，与民族宗教、民族风俗紧密相连的体育旅游资源也体现出特异的民族风格和文化形态特征，如傣族的傣拳、纳西族的东巴跳、景颇族的目瑙纵歌、白族的绕三灵等。

（三）资源分布的复杂性和项目的交错性

在云南全省 25 个少数民族中，大多数民族是以大杂居、小聚居的结构分布的。一方面，不同民族分布于不同地域，具有不同文化，即便是同一民族也存在很多支系，同一民族不同支系的文化也不尽相同；另一方面，各民族间又相互叠加，交叉分布，致使各个群族之间的文化也相互交叉，出现了风格互补的趋势。因此，在这样复杂的民族文化地域组合中，各民族体育旅游资源不仅种类多样、风格迥异，而且在种类和空间分布上呈现出复杂性。

第三节　云南少数民族体育旅游资源开发现状及问题分析

一、云南少数民族体育旅游资源开发现状

云南少数民族体育旅游资源不仅内容丰富、种类繁多、形式多样（表 1-2），而且与音乐、舞蹈、村寨活动相互交融，具有鲜明的仪式化特征，内涵与意义深远。因此，在旅游产品开发过程中，不仅要考虑其作为体育项目本身的旅游资源价值，而且要充分评估其对群体文化认同与凝聚力的深远影响。

表 1-2　云南部分少数民族体育旅游资源开发利用情况一览表

类型	民族	民间最流行的资源	已和旅游业融合的资源	目前最具开发潜力的资源
云南特有少数民族	白族	赛花船、绕三灵、打霸王鞭、跳八角鼓、打陀螺、跳火把、耍海会、人拉人拔河、跳花棚、赛马、射箭、磨秋、荡秋千、耍龙、白族武术等	打霸王鞭、打陀螺、跳火把、赛马、射箭、耍龙等	绕三灵、赛花船、耍海会、白族武术
	哈尼族	磨秋、荡秋千、跳高跷、打石头架、踩高跷、哈尼族武术、摔跤、跳竹竿、打陀螺、射弩、斗牛、阿弩塔拉手、射箭、角抵戏、铓鼓刀和爬树追逐	摔跤、磨秋、荡秋千、射弩	跳高跷、打石头架、踩高跷、哈尼族武术
	傣族	赛龙舟、斗鸡、打蒺弹弓、打陀螺、放高升、打水枪、傣族武术、傣拳、丢包、射箭、象脚鼓对踢、堆沙、孔雀舞、放孔明灯等	赛龙舟、傣拳、丢包、斗鸡、象脚鼓对踢、堆沙、孔雀舞、放孔明灯	傣族武术、放高升等

续表

类型	民族	民间最流行的资源	已和旅游业融合的资源	目前最具开发潜力的资源
云南特有少数民族	傈僳族	爬刀杆、爬树、跳高、扒爬子、顶杠扭扁担、尼昂急、跳牛、踢脚、滑板子、拉绳、拿石头、打陀螺、磨秋、荡秋千、投掷、砍竹竿、弩弓射箭、射耙耙、射刀刃、泥弹弓等	爬刀杆、投掷、弩弓射箭、泥弹弓等	踢脚、跳牛、顶杠扭扁担、尼昂急
	纳西族	投石器、赛马、摔跤、猪尿泡球、荡秋千、射箭、转山转海、赛跑、东巴跳、登刀梯、母鸡棋、踢毽子、拔河、训牛、掷玩等	赛马、射箭、东巴跳、转山转海、登刀梯	投石器、摔跤、猪尿泡球
	景颇族	景颇族武术、担杆、顶械、爬滑竿、打弹弓、蛇龙、摔跤、荡秋千、走子棋、打汤跌、目瑙纵歌等	荡秋千、目瑙纵歌	蛇龙、摔跤、担杆、顶械、景颇族武术
	布朗族	爬竿、踢藤球、思略兰、亚嘟嘟、跳大鼓、布朗族武术、猎绳秋等	跳大鼓	亚嘟嘟、布朗族武术
	阿昌族	耍白象、赛马、射弩、泼花水、阿昌族武术、荡秋千、蹬窝乐等	射弩、阿昌族武术	耍白象、泼花水、蹬窝乐
	怒族	怒球、溜索、射弩、跳竹、荡秋千、爬绳、老熊抢石头、划猪槽船等	射弩、荡秋千	溜索、怒球
云南非特有少数民族	水族	赛马、狮子登高、跳桌子、荡秋千等	赛马、荡秋千	狮子登高、跳桌子
	彝族	摔跤、飞标、葫芦飞雷、打陀螺、飞石索、跳牛、跳板凳、跳大棋、打棒、日尔嘎、杠术、扭扁担、罗尼余、磨秋、车秋、荡秋千、弹弓、弩弓、火射、打火把、彝族武术、打歌等	摔跤、飞标、磨秋、车秋、荡秋千、弹弓、弩弓、火射	打火把、彝族武术、打歌
	壮族	壮族武术、抛绣球、抢炮、走马、角刀、射柳、磨秋、车秋、荡秋千、踩高跷、打房烈等	抛绣球、抢炮、走马、磨秋、车秋、荡秋千	壮族武术、踩高跷
	苗族	骑艺、跳狮子、摔跤、穿针赛跑、绩麻赛跑、穿花衣（花裙）赛跑、掷鸡毛球、打布球、踢脚架、斗牛、斗马、拔鼓、跳棍、抬狗、跳香、跳芦笙、爬花杆、苗族武术等	摔跤、爬花杆、跳芦笙、苗族武术、磨秋、荡秋千	穿花衣（花裙）赛跑、斗牛、斗马、拔鼓
	回族	回族武术、气功、赛马、把小腰、扭扁担、踢毛毽、斗牛、耍狮子、叠罗汉等	回族武术、气功、赛马、斗牛	耍狮子、叠罗汉、踢毛毽、扭扁担
	藏族	射箭、赛马、荡秋千、跳高、跳绳、双人拔河、顶头、顶牛角、打五海花、丢窝等	射箭、赛马、荡秋千、顶牛角、跳绳	打五海花、丢窝
	布依族	划竹排、赛马、布依族武术、荡秋千、耍狮子、丢包等	赛马、荡秋千、耍狮子	划竹排、布依族武术、丢包

二、云南少数民族体育旅游资源开发面临的主要困难和问题

（一）资源丰富，但缺乏科学有效的资源开发评价体系

很多有潜力的少数民族特色体育项目仍有待开发，表1-2中仅列举了云南部

分少数民族体育旅游资源开发利用情况，但实际情况远超于此，尤其是具有开发潜力的项目，应该说，绝大多数还主要停留在少数民族内部的自娱自乐层面，生存空间十分狭小。另外，许多散落在民间的少数民族体育项目尚未被挖掘和整理，有的项目因为本民族文化发展的没落正逐渐消失，如果得不到及时的挖掘和保护，将濒临失传的危险。少数民族体育项目可以分别在不同的旅游产品项目中进行不同的展现，有的适合展演，有的适合体验和参与等。不同的体育项目具有不同的旅游功能，需要根据地方旅游进程、产品需要进行科学评价、有效开发。现阶段，少数民族体育旅游仍属于新崛起的旅游领域，随着民族文化旅游的不断深入，以及体育旅游资源产品化开发评价体系的逐渐完善，少数民族体育旅游必将在地方经济社会发展、文化传承与保护等方面发挥重要作用。

（二）少数民族体育项目的开发受到原始禁忌的限制

少数民族体育项目大多与原始宗教相关，与宗教文化和节庆文化相关，有许多体育活动受到活动禁忌的限制，如有的活动只能在一定的时间和场景下才能开展，有的活动需要先祭祀，有的活动对参与者有一系列要求等。然而，在旅游开发过程中，少数民族体育项目展现更多的娱乐功能，宗教信仰功能逐渐弱化，这在一定程度上制约了少数民族体育项目的开发。

（三）开发粗放，没有形成完整的可持续发展的产业链条

在众多少数民族体育旅游资源中，部分少数民族体育旅游资源已经得到相应开发，但现阶段已开发的体育旅游资源中的大多数资源都是观赏其他旅游资源时的附属产品，一般都仅在民族节日或聚会活动时才举办，且仅具有单一性的观赏功能。体育旅游资源的参与性、文化性、健身性等功能尚未得到相应的开发，致使少数民族体育旅游资源的开发利用在整个旅游业中处于从属地位，没有成为一种独立的旅游方式。很多资源融合于其他旅游形式之中，可有可无，没有形成较为完整的产业链条，多数资源仅仅起到陪衬其他旅游资源的作用。因此，进一步完善体育旅游资源配置、探索科学有效的体育旅游资源产品化开发模式成为亟待解决的问题。

（四）基于运动形式的单一开发，体育项目失去原有的生命力

很多少数民族体育项目并非单一的体育活动或者竞技项目，往往是对一套完整的群体文化系统的综合再现，如傣族的放高升，涉及一定的时节、村落组织、舞蹈音乐、村寨认同与凝聚力、高质量与高水平等，是村落综合能力的表达与再现，如果只将其作为单一的放高升活动，则会使其失去传统体育的生命力，而且放高升很难与现代的放礼花相抗衡。因此，对少数民族体育项目的旅游开发，需要展现的内容很多，不能将其简单作为单一的体育活动形式进行开发，否则就会失去体育项目所蕴含的丰富文化内涵，失去本土村社的文化意义与价值。少数民族体育项目的文化系统特征在一定程度上加大了项目开发的难度，形成旅游开发屏障，因此对少数民族体育项目的开发需要进行更加细致的研究和分析。少数民族体育是民族文化的精华之一，旅游开发需要提升对少数民族体育文化内涵的认识，形成有生命力的体育旅游项目。在开发过程中，要把握好少数民族体育的内核文化，不能破坏当地文化的真实性与原生性，不能一味地迎合需求而盲目追风。在开发少数民族体育文化前，应该对其进行梳理，使核心文化在文化变迁的过程中得以保留下来。在利用少数民族体育文化发展经济的过程中，应该构建起生态的发展系统，将少数民族文化资源优势转化为经济优势，实现少数民族传统文化与社会经济发展的良性互动，建立少数民族传统体育旅游示范区，进行本土化的整体性开发。

（五）专业人才短缺

目前，体育旅游开发和管理人才都极为缺乏，少数民族体育旅游产品设计与开发方面的人才更是奇缺，在云南少数民族地区这一现象更为严重。虽然我国有多所高等学校设置了体育旅游专业，但其在人才培养目标设计上特色不突出，与旅游专业趋同，同时，毕业生缺乏体育旅游实践经验，导致人才培养的专业性和实践性严重不足。专门性人才的短缺致使服务与管理水平低下，再加上科学规划不到位，严重制约了云南少数民族体育旅游业的快速发展。因此，政府部门、高等学校等需要高度重视，必须培养市场需要的人才。

少数民族体育文化是特定的经济形态和生活方式的产物，随着社会经济的发展，各民族摆脱了原来靠山吃山、靠水吃水的经济模式，市场经济取代原有的自

然经济，少数民族体育文化也随之发生转型，这种转型并不代表少数民族体育文化的解体。通过文化适应，少数民族体育文化在转型中可以实现更新和发展，逐步提高自身对现代体育文化的适应与消化能力，使少数民族传统体育文化在注入新文化因子的同时，依旧保留本民族原有的体育文化要素，让少数民族体育文化在现代社会发展的转型过程中重现生机。

第二章

云南代表性少数民族体育旅游资源甄析

第一节　坝区民族：傣族体育旅游资源甄析

一、傣族体育旅游资源及分类

傣族是云南特有的少数民族，按分布地区有傣泐、傣那、傣亚、傣绷等自称。不同支系分别分布于云南的不同地区，西双版纳州等地傣族自称"傣泐"，德宏州等地傣族自称"傣那"，红河中上游新平县、元江县等地傣族自称"傣亚"，瑞丽市、陇川县、耿马县边境一线的傣族自称"傣绷"。汉族称傣泐为水傣，称傣那为旱傣，称傣亚为花腰傣。傣族视孔雀、大象为吉祥物，民间故事丰富多彩，傣族人民喜欢依水而居，大多聚居于低热河谷地区。同时，由于地理环境的不同，各支系之间又有其各不相同的传统体育项目。傣族主要体育旅游资源见表 2-1。

表 2-1　傣族主要体育旅游资源

资源类	资源属	资源元	资源分布地区	产生背景	参与人数	运动规则	人员分工	器械种类	运动技术
竞技类	多人比赛属	游泳比赛	西双版纳州、德宏州及孟连县、耿马县等	爱水，依水而居	多人	从岸边同时出发，先游到对岸者为胜	裁判若干，其余为参赛者	无	侧泳，左右交替游

续表

资源类	资源属	资源元	资源分布地区	产生背景	参与人数	运动规则	人员分工	器械种类	运动技术
竞技类	多人比赛属	赛象、赛马	西双版纳州、德宏州及孟连县、耿马县等	古代兴养象，用于耕作、打仗	多人	有马、有象的人均可参加，最快者为胜	裁判若干，其余为参赛者	马、象	维持必要的平衡和稳定
		射弩	西双版纳州、德宏州及孟连县、耿马县等	古代招亲，生产生活需要等	多人	射中靶多者为胜	裁判若干，其余为参赛者	弩、靶	可立姿，可跪姿
		爬树比赛	西双版纳州、德宏州及孟连县、耿马县等	摘椰子等	多人	最快爬到树的规定位置者为胜	裁判若干，其余为参赛者	树	快速向上
		赛龙舟	西双版纳州、德宏州及孟连县、耿马县等	爱水，依水而居	多人	最短时间到达对岸者为胜	裁判若干，其余为参赛者	龙舟	团结整齐、节奏一致
	对抗赛属	赛象脚鼓	西双版纳州、德宏州及孟连县、耿马县等	象脚鼓是傣族喜爱的乐器，可奏乐，可运动	2人或多人	在击鼓中能将对方的包头头巾取下者为胜	两两对赛	象脚鼓、头巾	进攻，跳跃取头巾
		顶棍	分布范围较小，主要分布在傣族部分偏远村寨	雨水多，植物茂盛，农闲娱乐	2人或多人	2人相对而立，中间横置一竹棍	两两对赛	棍	双臂和肚子角力
游戏类	道具属	打陀螺	普洱市景谷县等	傣族传统运动项目，较为普及	1人或多人	陀螺不停地转动，时间越久越佳	可自娱自乐，或多人比赛	陀螺	用鞭子抽打陀螺，使其不断转动
		踢藤球	瑞丽市弄岛镇	藤条植物繁衍茂盛	多人	画地为界，均分人员反复互踢，落地为败	分两队互踢	藤球	无
		打谷壳	部分傣族村寨	在收获季节，进行打谷壳的游戏	多人	以谷场谷堆为目标，双脚配合撺动谷堆，除去其他杂质的数目多者为胜	可自娱自乐，或多人比赛	谷堆、蒲扇等	两腿尽量跨开
		打弹弓	西双版纳州、德宏州等	早期用于战争狩猎，现用于调动牲畜走向	1人或多人	相同数量下射中靶子最多者或打裂靶子最多者为胜	可自娱自乐，或多人比赛	弹弓	手持弹弓瞄准
		象脚鼓对踢	西双版纳州、德宏州等	丰收时节对踢象脚鼓以示庆祝	2人或多人	击鼓时，2人对打对踢	2人对踢对方的象脚鼓	象脚鼓	无
		荡秋千	德宏州及孟连县等	用绳索挂于树上，做成秋千供儿童玩耍	2～4人	有单人荡秋千和双人荡秋千两种，以荡得最高和最远者为最佳	1人或2人坐在秋千上，1人或2人推秋千	秋千	主要靠推秋千人的力度

续表

资源类	资源属	资源元	资源分布地区	产生背景	参与人数	运动规则	人员分工	器械种类	运动技术
游戏类	无道具属	斗鸡	孟连县等	农闲喜庆时，斗鸡娱乐	2人或多人	单腿跳跃相互撞击，双腿落地的一方为败	2人对赛	无	单脚稳定性较好
舞蹈类	劳动舞属	孔雀舞	西双版纳州、德宏州及孟连县、耿马县等	古代的鸟图腾崇拜及孔雀栖息息地	1人或多人	单人或多人跳舞，舞者居中表演	1人领舞或集体舞	身穿模仿孔雀制成的衣服	身体柔韧起伏，处处形成"三道弯"
		鱼舞	德宏州等	水系发达，捕鱼成为傣族生活的一部分	1人或2人	表现鱼在风平浪静的水中漫游、戏水或与急流搏斗	舞者身上套鱼形道具起舞	鱼形道具、鼓	多采用鱼形手势
		大鹏鸟舞	德宏州等	大鹏鸟舞矫健、粗犷，动作大而有力	1人或2人	表现大鹏鸟从空中迅猛疾下的气魄	1人或2人跳	大鹏鸟道具、鼓	多用爪式手型和掌式手型
		十二马舞	盈江县、芒市等	在12个月劳作中所创作的舞	12人	表演12个月的劳动，有时也表演一定的故事情节	12人唱跳12个月劳动	马形状的道具、扇子等	一手拉缰绳，一手拿扇子，半脚掌碎颤跑步变化各种队形
		鸡舞	芒市	舞蹈主要模仿鸡觅食、相斗等动作	多人	以跳的时间长、速度快为胜	儿童跳	无	无
		斗笠舞	金平县	天气炎热而多雨，日常生活和劳动中都离不开斗笠	多人	起舞时膝部起伏柔和，略呈三道弯造型，但不明显	无	斗笠	无
	仪式性舞蹈属	祭祀舞	元阳县、石屏县、新平县等	祭祀舞就是祭祀傣族神灵时跳的舞蹈	1人或多人	独舞由祭祀的人跳，集体舞是以祭司为核心大伙一起跳	1人为核心，其他人一起跳	祭祀用品	双手向上伸缩，不断旋转身子，不断重复动作
表演类	助兴属	放高升	西双版纳州等	傣族放高升活动已有近千年的历史	1人或多人	制作技术以高升上升的高度为标准，哪个寨子的高升最高便是胜者	1人点高升或多人同时点	高升	点燃导火线
	舞蹈属	象脚鼓舞	西双版纳州、德宏州	每当栽秧后和丰收时节，人们就跳起象鼓舞以示庆祝	1人或多人	舞者以左肩背象脚鼓，鼓面向前，鼓尾向下，以右手击鼓为主，左手配合	2人敲锣伴奏，1人或多人跳象脚鼓舞	象脚鼓、锣	双膝的起伏和敲鼓的动作配合紧密

续表

资源类	资源属	资源元	资源分布地区	产生背景	参与人数	运动规则	人员分工	器械种类	运动技术
表演类	舞蹈属	白象舞	主要分布在景谷县	源于古代的象图腾崇拜	4人	由3名演员承担，3人都必须是精力旺盛的大汉，能长时间抬着象模型	2人抬象模型，1人扮演引象人，1人敲象脚鼓	象模型、象脚鼓	舞姿要奔放、豪迈、大方
		蝴蝶舞	孟定镇、瑞丽市等	据说蝴蝶舞是为了赛舞时别开生面而创作的	多人	表演时，舞者将蝴蝶形的道具套系在身上模仿蝴蝶飞舞的形态	无	蝴蝶形的道具	其动作和鼓点都与孔雀舞有相似之处
		赞哈	西双版纳州	在节庆、礼仪等场合演唱，在劳动小憩时也能听到赞哈娓娓动听的歌声	2人	演唱时，2人盘膝而坐	1人吹笛子，1人手执纸扇歌唱，有时2人对唱	笛子、纸扇	赞哈唱的调子一般是"1、2、3、5、6"五个音阶
节庆类	舞蹈属	芦笙舞	主要分布于景洪市勐养镇、普文镇	每年正月"串寨子"期间，小伙子与小姑娘相约而跳	多人	小伙子开始跳起芦笙舞，唱起"挑逗歌"	小伙子和小姑娘	芦笙	以"跨腿""划脚屈膝闪动"等动作为主
		鹭鸶舞	德宏州	青年人在喜庆佳节时跳的集体舞蹈	对舞，多对集体舞	鹭鸶舞一般以对舞为主，动作相对	一男一女对舞，另一人指挥变换队形	身着雪白的衣裳，双肩披两条鲜红的绸带	全脚掌落地，形象地模仿了鹭鸶行走的动作
		依拉贺团体舞	西双版纳州	青年人在喜庆佳节时跳的集体舞蹈	多人	1人填词唱歌，带头起舞，其他人陆续加到舞蹈的行列中来	1人带头，其他人跟着跳	民族服饰	踏着锣鼓的节奏，自由地施展舞技、变换舞姿
		花环舞	西双版纳州、德宏州	盛大的节日时才跳，已变成一种有组织的舞蹈表演	多人	舞者双手握住花环的两端，在移动步伐的同时，着重于花环的变化	青年男女同跳，1人指挥	在竹篾上扎上鲜花，做成花环	舞者一起由慢板转入快板，有踮步、"顿错步小跳"等动作
		马鹿舞	耿马县、孟定县、孟连县等	与动物共同生活的傣族人民模拟动物的形态跳舞	2人	一般由2人合作扮演成一只马鹿	前面舞者饰马鹿头和前半身，后面舞者饰马鹿尾和后半身	用竹篾编成3米左右的圆圈，外用白纸粘在上面作为羽毛	向两边做敏捷的小跳及跌扑、腾转等动作

资源类	资源属	资源元	资源分布地区	产生背景	参与人数	运动规则	人员分工	器械种类	运动技术
节庆类	舞蹈属	嘎喃燕	沧源县等	一般仅在宗教节日或土司结婚、继位时才跳	多人	以唱为主，内容以唱结婚、爱情及12个月的生产劳动等为主	男性在前打拳，女手持扇子或手巾随后	扇子、手巾	无
	娱乐属	丢包	西双版纳州，以及江城县、孟连县等	傣族男女在节庆上表达爱情的娱乐活动	多人	一方丢包，另一方接包	未婚男女，一方丢，另一方接	女子自制的花包	无
		泼水	西双版纳州、德宏州	水资源丰富，造就了傣族是一个爱水的民族	多人	在泼水节这一天，人们要拜佛，用清水为佛洗尘，彼此泼水嬉戏，相互祝愿	女性用漂着鲜花的清水为佛洗尘	桶、盆、水、锣、鼓等	无
	祭祀属	堆沙	西双版纳州、德宏州	傣族节庆时候的一种祭祀仪式	多人	清晨从河里捞出并筛细了的河沙从小竹箩里倾注到佛寺一侧，堆成沙塔形状	女性打扫佛寺，捞沙、堆沙的活动由男性承担	河沙、祭品等	无
养生类	武术属	孔雀拳、虎拳、象牙拳、白象舞拳、马鹿拳	西双版纳州、德宏州、普洱市、保山市、临沧市等	傣族人喜爱孔雀、大象、虎等动物	1人或多人	仿之形，取之技	个人练习或集体练习	无	步法以弓步、马步为主
		刀术	西双版纳州、德宏州、普洱市、保山市、临沧市等	长期的生产劳动和抵御外来侵害	1人或多人	以上下斜劈、横竖直砍、左右击刺等共10式为基础，以能变换招法为技巧	通常是男子练，互相切磋	长刀、匕首、单刃等若干种刀类	刀术娴熟，进退自如
		棍术	西双版纳州、德宏州、普洱市、保山市、临沧市等	植物茂密，取树木枝干作为防身之物	1人或多人	棍术种类繁多、招式精奇、技术严密	个人练习或集体练习	木棍	傣族棍术以扫、截、击、挡4式为基础

1. 泼水

展现时间：泼水节。

运动场地：村寨的各个地方。

文化背景：傣族聚集区的热带、亚热带气候使得全年日照时间长，气候温和，雨量充足，水资源丰富，造就了傣族是一个爱水的民族，水是傣族人时时唱响的主旋律，这不仅表现为水是傣族人殷实、富足生活的物质支撑，而且表现在"临水而居""枕水而卧"等为傣族人带来的生活之美和娱乐之趣。傣族泼水节又名"浴佛节"，傣语称其为"比迈"（意为新年），德宏州的傣族又称此节日为"尚罕""尚键"，两名称均源于梵语，意为周转、变更和转移，是指太阳已经在黄道十二宫运转一周，开始向新的一年过渡。

运动规则：泼水节这一天，人们要拜佛，为佛洗尘，然后彼此泼水嬉戏，相互祝愿。人们起初用手和碗泼水，后来用盆和桶，边泼边唱歌，越泼越激烈，鼓声、锣声、泼水声、欢呼声响成一片。

2. 赛象脚鼓

展现时间：休闲时间或者节日期间。

运动场地：各村寨经常举行，纯系民间自娱自乐活动，一般在各村寨较宽敞的地方进行。

文化背景：鼓是傣族最喜爱的乐器，其中以象脚鼓最出名，敲象脚鼓不仅可以伴舞，还是一种娱乐活动，同时也可进行象脚鼓比赛。

运动规则：一般是 2 人对赛，边击鼓边跳跃，边攻边防，以在击鼓中能将对方的包头巾取下者为胜。

器械特征：象脚鼓因地区不同，使用人不同，鼓身大小也不同，有大（长 2 米多）、中（长 80～90 厘米）、小（长 40 厘米左右）之分。

3. 打谷壳

展现时间：每年稻谷收割时。

运动场地：收获后的稻田里。

文化背景：傣族历史上为水稻民族，以种植水稻为主，以糯米为主食。水稻收获时，傣族人把收割后的稻谷堆于每家每户的田间地头，在割出来的田间空地铺上凉席把稻谷堆于其上，通常男女一起扇蒲扇以除去稻谷中的其他杂质。其源于田间地头的生产劳动，属于传统的农业稻作生产活动。

运动技术：手拿两个棕树叶做的大蒲扇，左右翻飞，双脚配合撩动谷堆，协调一致，类似于在谷堆上舞蹈，人与谷堆、工具融为一体。

运动规则：通常是以家庭为单位的田间劳作，单人赛、双人赛比较常见。

器械特征：以竹竿、棕树叶、棕绳为材料，制成一对大蒲扇。

4. 斗鸡

展现时间：农闲、赶摆、节假日等。

运动场地：专门围起来的斗鸡场，通常在村寨集体活动中心。

文化背景：斗鸡比赛是傣族人民所喜爱的运动项目之一。相传，古代的一个穷小伙子因为在与土司进行的斗鸡比赛中获胜，赢得了土司的地位和财产，继而开仓放粮，赈济百姓，成就了一段佳话，斗鸡比赛也从此在西双版纳地区蓬勃发展起来。西双版纳州的景洪市、勐海县、勐腊县都成立了斗鸡协会，拥有会员1万多人，城乡也有多处民间斗鸡场所。

运动技术：观众与参与者围成圆圈，圈内由2人分别抱一只鸡，有一个裁判看时间，裁判宣布开始后，抱鸡的2人把鸡放下，比赛正式开始。

器械特征：专门饲养的斗鸡，围成圈的围栏。

5. 孔雀舞

展现时间：在傣族一年一度的泼水节、关门节、开门节、赶摆等民俗节日，只要是尽兴欢乐的场所，傣族人民都会聚集在一起，敲响大锣，打起象脚鼓，跳起姿态优美的孔雀舞，歌舞声中呈现出喜庆气氛和民族团结的美好景象。

运动场地：通常在寺院周边的空旷之地，也可在傣族群众活动集聚区。

文化背景：傣族的孔雀舞源于古代的鸟图腾崇拜。在傣族的图腾神话中，一种人首鸟身的孔雀曾与人婚配生下无数后代。因此，傣族先民认为这一人首鸟身的孔雀，与傣族古代氏族有血缘关系，从而十分崇拜。在傣族人民心目中，圣鸟孔雀是幸福吉祥的象征。许多人不但在家园中饲养孔雀，而且把孔雀视为善良、智慧、美丽、吉祥、幸福的象征。在种类繁多的傣族舞蹈中，孔雀舞是人们最喜爱、最熟悉，也是变化和发展最快的舞蹈之一。傣族民间传统的孔雀舞有很长的历史，并被纳入宗教的礼仪之中。

运动规则：传统的孔雀舞，过去都由男子头戴金盔、假面，身穿孔雀羽翼状外罩支撑架子来跳。由于孔雀舞的传说很多，表演者各自根据民间传说编舞，有的侧重模仿孔雀的举动，有的侧重表现孔雀的各种内心活动，再加之傣族又分为不同的支系，所以孔雀舞虽有较统一的表演程式，但也不是一个模式，不是一成不变的。最早的孔雀舞比较简单，由两三人跳，舞者居中表演，模拟孔雀出巢、展翅高飞、觅踪捕食、寻泉戏水、浴身抖翅、蹦跳嬉戏和开屏比美等一系列动作。

运动技术：身体柔韧起伏，处处形成"三道弯"的造型。手法飘灵，脚步轻盈，双臂的缠绵起伏带动全身关节的和谐运转，挺胸、收腹、提气等各个环节都与眼神相配合。

器械特征：跳孔雀舞所用的孔雀架一般重量在 10 千克以上，捆绑在身上，手与翅膀相连，手完成孔雀翅膀的动作。

6. 放高升

展现时间：主要集中于泼水节时举行。

运动场地：村寨中比较空旷的地方，一般在水边。

文化背景：傣族放高升活动已有近千年的历史，是一项建立在科学技术基础上的体育娱乐比赛活动，傣族的高升被人称为"古老的火箭"或"土火箭"。

运动规则：这项运动主要是比赛制作高升技术和放高升技术。放高升技术的高低以高升上升的高度为标准，哪个寨子的高升最高便是胜者；组织程序上以村落为单位进行村落间的竞赛，或者以家庭为单位开展，比赛团队以集体舞蹈和群体娱乐活动为伴随内容，载歌载舞放高升，节日氛围浓烈。

器械特征：竹竿和火药做成的高升、大象模具以及象脚鼓、铓锣等乐器。

7. 丢包

展现时间：泼水节及其他节日期间。

运动场地：村寨中平坦宽敞的地方。

文化背景：傣族人民生活在风景秀丽的平坝、河谷和江边，这些地方气候温和、物产丰富，他们居住的竹楼掩映在丛丛凤尾竹中。傣族具有悠久的历史和独特的风土人情，其婚恋风俗别具一格，趣味盎然。傣族青年男女的恋爱活动是比较自由的，既可以是隐蔽的，也可以是公开的。一般来说，他们的交往主要是串姑娘（是找姑娘玩的意思，是傣族小伙子寻找爱情的一种流行方式）。每当小伙子在一个公开场合，如节庆舞场、丢包游戏、赶摆等场合或者生产劳动中发现了自己中意的姑娘，便私下听清楚姑娘的姓名和家庭住址，等到了晚上就去找她，约她出来聊天说笑。

运动规则：丢包之日，未婚男女青年在寨旁的草坪上或椿树下集中，分别列阵各站一边，含情脉脉地相互对视片刻，女青年手握花包提绳轻甩几圈，再"嗖"地向男青年甩去，见花包飞来，男青年争相抢接，接住的欢呼雀跃，接不住的便要给丢包的姑娘送些礼物或礼钱。男青年得到花包以后，也仿效女青年的模样，轻甩几圈花包，再"嗖"地掷出，让女青年抢接。未接住花包的女青年得将一朵鲜花献给丢包的男青年。经过几番试探性的抛掷之后，心有灵犀的男女便结对对丢。

器械特征：每当泼水节来临之际，各村寨的未婚女青年便买来花布、丝线、花边，缝制花包。花包成四角菱形，橘子般大小，外皮用多色花布拼缝，内填棉籽，角上缀有约五寸①长的丝线束或五彩的花穗，有一条一尺②多长的手提绳，供丢包时握绳甩掷。

二、已开发的傣族体育旅游资源

傣族的部分体育旅游资源，如赛马、武术、打陀螺、荡秋千、赛龙舟、射弩等已得到开发，部分项目已经被列为全国或云南省少数民族传统体育运动会的比赛项目或表演项目。孔雀舞早已从民间搬上了舞台，各大民间艺术团体皆有演出，且已入选第一批国家级非物质文化遗产名录；象脚鼓舞入选第二批国家级非物质文化遗产名录；依拉贺团体舞是在傣族的泼水节和开门节等喜庆节日的时候跳的一种团体舞，主要在傣族传统节庆上表演，已开发为游客参与性舞蹈；丢包、堆沙、泼水出现在傣族传统节日泼水节上，可通过参加傣族传统的泼水节体验，已被开发为游客参与项目。傣族地区，尤其是西双版纳地区一直是大众赴云南旅游的重要目的地，旅游开发较早，傣族体育项目开发也早，但就目前的情况看，开发得并不充分，多数项目还停留在舞台上或者在节日里作为表演项目，参与性有限。从旅游产品开发的角度来看，开发方式和开发深度有待拓展和完善。已开发的傣族主要体育旅游资源见表 2-2。

表 2-2　已开发的傣族主要体育旅游资源

类型	资源名称	参与人数	来源	时间性	表演性	体验性
竞技类、健身类、体验类、参与类	拳术（孔雀拳、虎拳、四门拳等）	1 人或多人	对孔雀等动物的模仿	节庆或闲时娱乐	强	强
	刀术（四门刀、单刀、双刀）	1 人或多人	在长期的生产劳动和抵御外来侵害的社会实践中创建	节庆或闲时娱乐	强	无
	棍术（双门棍、四门棍、长棍）	1 人或多人	取树木枝干作为防身之物	节庆或闲时娱乐	强	无

---

①　1 寸≈0.033 米。
②　1 尺≈0.33 米。

续表

类型	资源名称	参与人数	来源	时间性	表演性	体验性
竞技类、健身类、体验类、参与类	射弩	多人	傣族有射弩招亲之俗，较为普及，受到社会重视	节庆	强	弱
	打陀螺	1人或多人	起源与人类生殖崇拜相关联，把陀螺分为公陀螺和母陀螺两种	闲时娱乐	强	强
	赛龙舟	多人	热带地区降雨多，河流水系发达	傣历新年	强	强
	象脚鼓对踢	2人或多人成对	丰收时节对踢象脚鼓以示庆祝	节庆或闲时娱乐	强	强
	荡秋千	2～4人	用绳索挂于树上，做成秋千供儿童玩耍	闲时娱乐	强	强
	斗鸡	2人或多人	傣族在农闲或节庆的休闲活动	闲时娱乐	强	弱
表演类	孔雀舞	1人或多人	对孔雀的崇拜和喜爱	节庆或闲时娱乐	强	强
	鱼舞	1～2人	傣族先民在河里捕鱼，进行生产生活而形成的模拟鱼的舞蹈	节庆或闲时娱乐	强	弱
	依拉贺团体舞	多人	节庆欢乐时集体跳舞	闲时娱乐	强	强
	花环舞	多人	青年男女去采鲜花，把花送到缅寺搭成花亭的舞蹈	节庆或闲时娱乐	强	强
	马鹿舞	2人	与动物共同生活的傣族人民善于模拟动物的形态跳舞	节庆或闲时娱乐	强	强
	象脚鼓舞	1人或多人	每当栽秧后和丰收时节，就跳起象脚鼓舞以示庆祝	节庆或闲时娱乐	强	强
	赞哈	2人	通常在节庆、礼仪等场合演唱，在劳动小憩时也能听到赞哈娓娓动听的歌声	节庆或闲时娱乐	一般	无
节庆类	赛象脚鼓	2人或多人成对	象脚鼓是傣族人民喜爱的乐器	节庆或闲时娱乐	强	强
	赛象、赛马	多人	傣族古代养象，平时用于耕田，战时用于打仗	节庆比赛	强	无
	丢包	多人	节庆期间，青年男女表达爱意的方式	男女婚恋	强	强
	堆沙	多人	傣族节庆时候的一种祭祀仪式	傣历新年	强	强
	泼水	多人	水资源丰富，造就了傣族是爱水的民族	傣历新年	强	强

三、可开发的傣族体育旅游资源

傣族体育旅游资源开发时间较长，项目相对较多，但仍有较大开发空间。同时，针对云南体育旅游市场需求，部分具有开发潜力的傣族体育旅游资源可在现有开发基础上向体育旅游产品组合开发发展，使体育旅游资源向体育旅游产品方向转变。可开发的傣族主要体育旅游资源见表 2-3。

表 2-3　可开发的傣族主要体育旅游资源

类型	资源名称	参与人数	来源	时间性	表演性	体验性
舞蹈类	大鹏鸟舞	1 人或 2 人	表现大鹏鸟与雨神搏斗的动作和不畏强暴的气质	节庆或闲时娱乐	强	弱
	十二马舞	12 人	傣族人民在 12 个月的劳作中所创作的舞	节庆或闲时娱乐	强	弱
	鹭鸶舞	对舞或多人	模拟鹭鸶跳的舞	节庆或闲时娱乐	强	强
竞技类	游泳比赛	多人	傣族人民喜爱水，自古依水而居	闲时娱乐	一般	无
	爬树比赛	多人	傣族有很多长得很高的树，摘椰子、砍贝叶要爬到最高处	闲时娱乐	一般	无
组合型	傣族任意体育活动元素的组合项目	根据开发项目需要确定	来源于傣族生产生活、宗教传说等傣族文化背景	闲时娱乐	强	强

第二节　半山区民族：哈尼族体育旅游资源甄析

一、哈尼族体育旅游资源及分类

哈尼族有哈尼、卡多、豪尼、阿卡等 30 多个支系，主要分布于中国云南元江和澜沧江之间，以及泰国、缅甸、老挝、越南的北部山区。红河州是哈尼族人口最集中的地区[①]，普洱市的墨江县、宁洱县、江城县、澜沧县、镇沅彝族哈尼族拉祜族自治县（简称镇沅县）等有较多分布。此外，峨山县、建水县、景东县、景谷县等也有少量分布，大多居住在山区和半山区。

---

① 李斗才. 2011. 云南省红河州哈尼族传统体育研究. 成都体育学院硕士学位论文.

随着社会的发展，哈尼族的民俗文化发生改变，传统民俗体育宗教迷信的思想渐渐淡薄，一些传统节日中的原始体育活动的宗教因素和色彩逐渐淡化，已由最原始的娱神、娱鬼活动逐渐发展成一种娱乐健身活动。在诸多节日中，哈尼族有对歌、磨秋、打陀螺、武术、摔跤、角抵戏、锥鼓舞和乐作舞等节目。分布在不同地区的哈尼族有着形态各异的体育旅游资源（表2-4）。

表2-4 哈尼族主要体育旅游资源

资源类	资源属	资源元	资源分布	文化背景	参与人数	运动规则	人员分工	运动器械	运动技术
竞技类	多人比赛属	射弩	红河县、澜沧县等	狩猎活动、抵御外族	多人	射中靶多者胜	公证人、射手	弩	拉弓、搭箭、瞄准
		射箭	红河县、澜沧县等	狩猎活动、抵御外族	多人	射中靶多者胜	公证人、射手	弓箭	拉弓、搭箭、瞄准
	对抗赛属	摔跤	红河县、澜沧县等	生产劳动、部落战争、宗教祭祀	1对1	双肩着地算输	公证人和2位参赛者	无	抓、抱、挑，力量与巧取
		抵肩	玉溪市、普洱市、西双版纳州等	生产生活、狩猎活动	1对1	被抵出圆圈者算输	公证人和2位参赛者	无	拉、顶
		角抵戏	哈尼族分布区普遍开展	对抗性、娱乐性体育游戏活动	1对1	在平整的地面上或草地上画一个圈，采取3局2胜制或1局决胜制	裁判主持，双方站立于中心点两侧的位置展开对抗	无	双方头顶头或左肩抵左肩，右肩抵右肩，用力顶对方
游戏类	道具属	荡秋千、磨秋、转秋	元江县、澜沧县、红河县、绿春县、元阳县、屏边县等	日常娱乐与节庆	荡秋千：1人	秋千荡得越高越好	1人玩耍	牛皮或树藤、尼龙绳和铁链、木杆	平衡力和推动力
					磨秋：2人或多人	木杆两端交替上下，旋转不止	在木杆两端各伏上相同人数		推动力和交替变换的精准度
					转秋：4人或8人	边跑边悬垂于杆头，随轮转动	1人拉牛皮绳，轮流拉动		拉动绳子时的力度
		跳高跷	元江县、红河县、江城县、墨江县、新平县等	生产生活、体育游戏	多人	速度快者胜	每人各自用自己的高跷进行游戏	高跷	单脚跳、跳花、拧花、击响、对踢
		爬树	红河州	生产生活、体育游戏	多人	爬的速度快者胜	各自爬树	树	力量与巧劲

续表

资源类	资源属	资源元	资源分布	文化背景	参与人数	运动规则	人员分工	运动器械	运动技术
游戏类	道具属	打陀螺	红河县、绿春县、元阳县、屏边县、金平县、河口瑶族自治县（简称河口县）等	日常生活中的娱乐项目	多人	转得久的胜	每组每次2人对赛	陀螺	绑绳、站姿、绳长
		掷鸡毛球	红河州	生产生活、体育游戏	多人	用小木板或手掌将鸡毛球回击给对手，保持鸡毛球持续来回不落地	两方对峙	鸡毛球	体力与灵活度
舞蹈类	劳动舞属	铓鼓舞	建水县、红河县、绿春县、元阳县、屏边县等	节日、宗教祭祀，产生于哈尼族以狩猎为生的时期	多人	击锣鼓摇铃，头插鸡尾跳舞	分男式动作和女式动作	铜铓和牛皮鼓	手臂和肩、腰、臀、腿、脚齐用力
		白鹇舞	元阳县、红河县、绿春县等	祭祀、日常生活	多人	由女子挥舞着棕扇唱歌，踏足起舞	一群女子手执棕扇表演	棕扇	单腿重心上的空中舞姿
	仪式性舞蹈属	木雀舞	元阳县等哈尼族分布地区	日常生活、祭祀	4~6人	男子手持木雀对舞	4~6名男子表演	木雀	手执木雀
		竹筒舞	红河州哈尼族分布地区	节庆	多人	击打竹筒起舞	一部分人击打竹筒起舞，另一部分人伴唱	竹筒	动作流畅自然
表演类	舞蹈属	铓鼓刀	红河县、绿春县、元江县、元阳县等	节庆、祭祀	4~6人	宣布祭词，由哈尼族壮年男子表演铓鼓刀	分为龙头和表演者	铓鼓	有韵律、动作干净有力
		棕扇舞	元江县、红河县等哈尼族分布地区	生产生活、祭祀	多人	由男子奏乐，女子手执棕扇起舞	男子伴奏，女子跳舞	棕扇	动作各异，要求形象生动
		跳鼓	红河州哈尼族分布地区	生产生活，传统的民间舞蹈	多人	用鼓伴奏，随节奏起舞	分击鼓者与跳舞者	鼓	动作各异，即兴发挥
		木屐舞	红河州哈尼族分布地区	生产生活	多人	脚穿木屐起舞	表演者	木屐	注重节奏感
	武术属	刀术	绿春县、元江县、元阳县等	先民把崇拜物"羊角"戴在头上，象征勇敢、力量、吉祥、灵巧	单人、双人以及多人	哈尼族武术形式多样，可分为器械、拳术、自由搏击和对打等4类	由公证人与表演者组成	刀、剑、长矛、双刀、棍	踢、打、擒拿、格斗、闪展腾挪、跌扑滚翻等

续表

资源类	资源属	资源元	资源分布	文化背景	参与人数	运动规则	人员分工	运动器械	运动技术
节庆类	祭祀舞蹈属	乐作舞	红河县、绿春县、元阳县、屏边县等	喜庆节日、赶街集市、劳动间歇、社交生活	多人	领舞者和众舞者	领舞者带领众舞者起舞	四弦、巴乌、二胡	脚步刚健有力,动作整齐

1. 射弩

展现时间:休闲时间或节庆期间。

运动场地:场地应平坦、开阔,室内、室外均可,长不少于 30 米,宽度可根据所设靶位数酌定。

文化背景:弓箭最早出现于约 3 万年以前,哈尼族从古氐羌族南迁(公元前 3 世纪左右)时就应该已经学会使用弓箭和弩,在南迁的过程中,弓箭和弩用于抵御外族,哈尼族定居红河两岸之后,弓箭和弩成了狩猎必不可少的武器。

运动技术:①立姿。两脚全脚掌着地,身体直立,两臂悬空,双手托举弩身,弩身不得接触身体的其他任何部位。②跪姿。一腿屈膝,全脚掌着地,另一腿弯曲,膝盖和前脚掌着地并与前腿成三角支撑,臀部可坐在膝盖着地脚的后跟上,脚跟和脚掌的中心垂直线左右倾斜不超过 45°,持弩手势同立姿,托举弩身一肘可放于膝上,弩身不得接触身体的其他任何部位。

运动规则:根据每只箭的环数判定比赛成绩。

器械特征:弩为手工制作,重量和弩身长度不限,弩身、弓片、箭槽、瞄准具等用竹、木材料制成,箭杆用竹、木材料制成,长度不限,直径不超过 0.8 厘米,箭翼采用天然材料制作,箭头可用金属材料制作。

2. 摔跤

展现时间:火把节,每年农历六月二十四,是红河岸边哈尼族人民的传统节日。

运动场地:宽阔的场地。

文化背景:哈尼族的摔跤分为自由式摔跤和预备式摔跤,与彝族摔跤基本一致,不同之处在于哈尼族的摔跤不分体重级别,不受时间限制,采用三局两胜制,允许抓腰带,可以应用抢单、抱腰、抱肩颈、挑腿等摔跤技术动作,双肩着地算输。

运动技术：抓腰带、抱腿、过臂、夹臂翻、穿腿、抢单、抱腰、抱肩颈、挑腿等摔跤技术动作。

运动规则：比赛双方可根据自己的身高、体重和力量自愿选择对手。首先，请公证人发令，两人进入画好圆圈的场地中，蹲下用手和脚支撑于地上，以左肩抵对方右肩，被抵出圆圈者算输，输者退场，胜者休息片刻后与另一人再战，以同组别中胜的人多少定胜负。

运动特征：快速力量素质是一名优秀摔跤运动员必须具备的身体素质。

3. 磨秋

展现时间：哈尼族磨秋主要在农历的五月或六月，五月在戌日或亥日举行，称"五月年"，六月选其中间的3～5日举行，称"六月年"，"五月年""六月年"均为磨秋节。

运动场地：磨秋活动主要在其传统节日与农事节日进行，其间各村寨的人都着盛装聚集在磨秋场上进行玩耍或比赛。

文化背景：哈尼族磨秋是其世代相传的一项传统体育运动项目，在民族体育活动中处于非常重要的地位，是哈尼族民俗体育文化的核心。哈尼族以磨秋欢庆春耕的顺利完成，并预祝五谷丰登。

运动技术：游乐时，横杆两头人数相等，双方推动横杆助跑几步后，迅速骑上或匍匐于杆头，随杆旋转起伏，落地一方用脚蹬地，使杆弹起，并借助蹬力使横杆两端交替上下，旋转不止。

运动规则：转动时似推磨，又如秋千上下升降，打磨秋时，横杆两端所伏人数需相同，杆上的人既可伏在杆上也可骑在杆上，先是抵杆来回旋转，继而一头升起一头落下，随着横杆的旋转起伏，落地的一方会用脚蹬地，增加动力，使杆弹起，这样，横杆两端交替上下，旋转不止，惊险紧张。比赛时，分成若干小组，每组人数不等，依次参赛。裁判一声号令，磨秋像纺车一样开始转动，越转越快，非常刺激惊险。磨秋具有较为浓郁的宗教信仰氛围，它对促进哈尼族人与人之间及各民族间的交流、增进友谊、青年男女谈情说爱、丰富人民的生活、培养良好的意志品质，以及提高人民的健康水平、协调性和灵敏度等有积极的作用。

器械特征：取一根长1～2米的硬木竖于场地中央，顶端稍尖，作为轴心，再把一根长约6米的木杆中部凿一圆洞，横置于立柱顶上。

4. 跳高跷

展现时间：日常娱乐活动或节庆时。

运动场地：宽阔的场地。

文化背景：跳高跷是哈尼族民间男女青少年喜爱的一种体育游戏活动。跳高跷活动生动有趣，可以因地制宜地制作高跷用具，举行比赛时非常方便，在哈尼族民间有着广泛的普及性。

运动技术：头往起拔，要中正，不能歪，保持平衡，肢体协调配合。

运动规则：跳高跷活动的形式分单脚跳、跳花、拧花、击响、对踢和竞速等。

器械特征：高跷的种类有四种。第一种是由天然树杈制作而成；第二种是用竹、木做好主杆，然后打孔安装踏脚而成；第三种是用竹、木挖槽后，把踏脚嵌入绑牢于其上而成；第四种则是将较细的短棍做成三角形状，并将其绑在长的竹竿、木杆上而成。

5. 铓鼓舞

展现时间：农历十月年（哈尼族过年，相当于汉族春节）等节庆时。

运动场地：宽阔的场地。

文化背景：鼓是民族和村落的重要标志，鼓声是人们向"摩米"（即天神）传递信息的媒介。以前，鼓里放有五谷及象征人丁兴旺的青草，只有在地震、火烧房子、日月食、战争以及节日庆典的场合方可敲击。铓鼓舞的伴奏乐器是铜铓和牛皮鼓。铓声鼓点节奏鲜明，舞蹈动作一是一，二是二，节奏感十分讲究，显示出节奏、力量和刚柔的美。跳铓鼓舞是节日期间最受欢迎的项目之一。跳铓鼓舞一般都是在饮酒后，趁着酒兴，微带醉意，然后让情绪沉入庄严古朴的铓鼓声中而手舞足蹈。跳舞时全身每一个关节、每一块肌肉都在颤动，手臂和肩、腰、臀、腿、脚一齐用力，动作深沉粗犷、刚健柔韧，感情纯朴真挚。

运动技术：舞蹈表现出下稳上活、扭身起伏的风格特点。"下稳"是指跳舞时下身动作沉稳，而且稳而不死，稳中有活，据说这个"稳"凝结着哈尼族长期艰苦劳动的功力。"上活"是指上身的扭动和手臂的舞动既有规律、有力度，又自如协调。"扭身起伏"既是铓鼓舞的主要风格之一，又是该舞蹈的主要动力特征。

运动规则：哈尼族的铓鼓舞动作多样，随时变化，分男式动作和女式动作两种。男式动作具有威武激越的风格，使人有一种气魄和力量感；女式动作给人以舒畅、愉快的享受。

器械特征：鼓是哈尼族舞蹈乐器之一，不同地区的鼓的材料不同，有的地区的铓鼓是用牛皮做的，即在一个椭圆空木壳（或其他材料）两边蒙上牛皮制作而成。

二、已开发的哈尼族体育旅游资源

哈尼族体育项目是在一定的自然环境和社会环境中因地制宜产生的，因此不需要专门的或特殊的场地，运动器材能够就地选取或直接借用生产工具，活动很方便，旅游开发限制性因素较少。哈尼族体育项目大多来源于生产劳动、宗教祭祀、游戏娱乐、人际交往等，而且很多体育项目安排在节庆活动中进行，如欢庆丰收、欢度佳节、闲暇消遣，将体育寓于娱乐之中，营造了欢快的氛围。在众多节日里，体育游戏比赛和文艺表演是必不可少的活动内容，其主要是为了娱乐，有的是为了娱神，有的是为了自娱，有的兼而有之，它着重于人的身心需要和情感欲望的满足，并以自娱自乐、消遣和游戏的活动方式出现，人们在这些活动中可以得到直接的、令人愉悦的情感抒发。摔跤、射弩、射箭、抵肩、荡秋千、跳高跷等项目已被开发为旅游项目，荡秋千、跳高跷是哈尼族民间男女青少年喜爱的项目，而且举行比赛非常方便，在哈尼族民间有着广泛的普及性，开发成为旅游项目具有较好的娱乐性；白鹇舞是哈尼族娱乐性的代表舞蹈之一；铓鼓刀、棕扇舞、跳鼓、木屐舞、哈尼族武术等在旅游中有所开发，大多是通过舞台表演的形式展现出来的；乐作舞作为一种集体参与性舞蹈已经被开发。1995年，在云南昆明举行的第五届全国少数民族传统体育运动会上，打陀螺首次被列为比赛项目，在春节、哈尼族六月年和十月年期间的节庆旅游中，打陀螺作为观赏性项目。棕扇舞入选第三批国家级非物质文化遗产名录，铓鼓舞入选第四批国家级非物质文化遗产名录。已开发的哈尼族主要体育旅游资源见表2-5。

表2-5 已开发的哈尼族主要体育旅游资源

类型	资源名称	参与人数	来源	时间性	表演性	体验性
竞技类、健身类、体验类、参与类	打陀螺	多人	农耕生产生活	节庆和日常活动	强	强
	射弩	多人	狩猎活动、抵御外族	节庆	强	强
	射箭	多人	狩猎活动、抵御外族	节庆	强	强
	抵肩	1对1	哈尼族生产和狩猎技能的衍变	节庆和生产活动	强	一般

类型	资源名称	参与人数	来源	时间性	表演性	体验性
表演类	哈尼族武术	1人或多人	生产生活、游戏娱乐	节庆和日常活动	强	强
	跳高跷	多人	跨过小河流	节庆	强	强
	跳鼓	多人	宗教祭祀、日常生活娱乐，一般为即兴发挥，因各人性格差异而千姿百态	节庆、宗教祭祀、休闲娱乐	强	强
	铓鼓舞	多人	农耕生产生活、宗教祭祀	节庆、宗教祭祀	强	强
	白鹇舞	多人	日常生活、休闲娱乐	休闲娱乐	强	强
	铓鼓刀	4~6人	农耕生产生活	节庆	强	强
	棕扇舞	多人	宗教祭祀、生产生活	宗教祭祀、休闲娱乐	强	强
节庆类	乐作舞	多人	闲暇时或节庆丰收时庆祝	节庆	强	强
	磨秋	2人或多人	原始宗教祭祀和农耕生产活动	节庆、休闲娱乐	强	强

三、可开发的哈尼族体育旅游资源

哈尼族传统体育活动中的民俗仪式大多隐含着对自然生态环境的保护，还拥有一定的精神力量和社会功用（处理人际关系、实现道德伦理规范、协调个人身心）。目前，大规模的以文化传承和协调人际关系、沟通成员感情为目的的哈尼族社会性体育活动正在逐渐消退，已开发的体育旅游产品多以供游客观赏为目的，原有的文化生态环境有所流失。可开发的哈尼族体育旅游资源形式和内容多样（表2-6），有些项目在开发过程中受到一定限制，如宗教信仰、运动技术、安全性、观赏性与体验性等。在开发体育旅游资源时，一定要珍视地方"人文生态平衡"，充分发挥体育旅游资源开发对文化保护、传承和活化的作用，进行有效开发与保护。

表2-6 可开发的哈尼族主要体育旅游资源

类型	资源名称	参与人数	来源	时间性	表演性	体验性
健身类	打泥巴架	多人	生产生活中的高原梯田农耕	一般节庆	强	强
	掷鸡毛球	多人	生产生活中的娱乐项目	日常休闲娱乐	一般	强

续表

类型	资源名称	参与人数	来源	时间性	表演性	体验性
体验类、参与类	爬树	多人	采集野果和砍柴	日常休闲娱乐	强	弱
	角抵戏	1 对 1	对抗性、娱乐性游戏活动，以强身健体、结交朋友和联络感情	日常休闲娱乐	强	强
	木屐舞	多人	狩猎与生产生活	节庆、日常休闲娱乐	强	强
表演类	插秧舞	人数可多可少，以双数为多	生产生活和日常劳动	节庆时可表演	强	一般
	竹筒舞	通常在 20 人以上	民间传说和节日（播种节）	主要在节庆时表演	强	强
节庆类	掷草包	青年男女多人	男女青年交往形式	节庆	强	强
组合型	哈尼族任意体育活动元素的组合项目	根据开发项目需要确定	来源于哈尼族生产生活、宗教传说等哈尼族文化背景	按需表演	强	强

第三节　山区民族：佤族体育旅游资源甄析

一、佤族体育旅游资源及分类

佤族是云南特有的少数民族，主要居住在云南省西南部的沧源县、西盟县、孟连县、耿马县、澜沧县、双江县、镇康县、永德县等县的山区，一部分散居在腾冲县、昌宁县、勐海县等地区。云南省的佤族与汉族、傣族、布朗族、德昂族、傈僳族、拉祜族等民族交错杂居。佤族历史上多次受到外族的侵犯，地理环境特殊，为了维护自身安全、维持生活所需，佤族人民练就了以剽悍、机智、勇敢为主题的生活技能，形成了较好的体质，为了强化、传承这些生活技能，在农闲时节、节日举行比赛，从而形成了佤族的传统体育。佤族的传统体育在历史的洗礼中，不可避免地打上本民族意识形态的烙印，佤族的宗教信仰是佤族意识形态中的重要内容。原始宗教以原始歌舞为载体，佤族体育通过原始歌舞增加内容、扩大影响，保存与传播，并推动物质文化生产、丰富精神文化生活，形象地记录了佤族人民的历史、习俗及心理。

佤族体育旅游资源内容丰富、风格多样（表2-7）。从形式上看，其主要有围圈、联袂、对称、且歌且舞、程序化等特点，从动作节律上看，其有屈膝弹跳、重拍向下、节奏感和韵律感均很强烈、动作幅度大、较大的随意性等特点。据不完全统计，佤族传统体育文化旅游资源的数量为 20 余项（失传的项目尚未统计），极具保护与开发利用价值[①]。根据佤族体育旅游资源的功能和形式，其可分为竞技类、游戏类、舞蹈类、表演类、节庆类和养生类[②]。

表 2-7　佤族主要体育旅游资源

资源类	资源属	资源元	资源分布	产生背景	参与人数	运动规则	人员分工	器械种类	运动技术
竞技类	固定属	射弩	沧源县、双江县、镇康县等	佤族捕猎野生动物	多人	刀刃为靶，箭射中刀刃，剖成两半者为胜	射手射弩	弩、箭、刀	动作力量、动作轨迹
	移动属	摔跤	沧源县、西盟县等	节庆时娱乐	1对1	把对手摔倒在地上者为胜	摔跤手个人赛或团体赛	无	拉、扭、勾
		穿针	沧源县等	鉴别女性是否心灵手巧的途径之一	单人赛或团体赛	线头穿进针眼者为胜	女性穿针或男性举线，女性穿针	针、线	一心多用和两人配合度
游戏类	棋属	瓜棋	沧源县、双江县等	中青年喜爱的棋类	1对1	吃光对方棋子者为胜	对弈	棋子、棋盘	走棋法、吃子法
		牛角棋	沧源县、双江县、耿马县等	儿童喜爱	1对1	将对方逼入死胡同者为胜	对弈	棋盘、棋子	走棋法
	较力属	顶杠	沧源县、西盟县等	节日或平时娱乐	1对1	将对方顶出规定位置者为胜	用腹部对顶	长3米、粗10厘米的木棍	动作力量
		拔腰	沧源县、西盟县等	秋收劳动间歇的娱乐	1对1	两脚拔离地面或摔倒对方为胜	互拔	无	动作力量、动作方向
	原始球属	拍鸡毛球	沧源县、西盟县等	借机择偶的娱乐	多对多	球落在本方场地为败	双方既有进攻也有防守	鸡毛插在葫芦上做球	打和踢
		丢橄榄球	沧源县、西盟县等	农闲时娱乐	多人	橄榄进筐多者为胜	丢橄榄进筐	橄榄、筐、铓锣	丢的力量、准确度
舞蹈类	无道具属	甩发舞	沧源县等	佤族女子洗发、梳发	2人或多人	拉手围圈边唱边跳	领舞者与伴舞者	银头箍等饰品	移步、身动、甩发
		集体舞	沧源县、西盟县等	祭祀时舞蹈	多人	宗教需要	巫师领舞，其他人跟跳	绳子	俯仰身体，移步
	道具属	剽牛舞	沧源县等	祭祀时舞蹈	多人	剽牛后集体跳舞	领唱者领唱，其他人跳舞	无	多种套路
表演类	移动属	踩高跷	沧源县、双江县等	农闲时娱乐	多人	踢倒对方为胜	对抗赛	高跷	对打、舞蹈

---

① 吕金江，敬龙军，冯强. 2010. 佤族体育研究. 体育文化导刊，（10）：121-123.
② 朱露晓，李倩. 2017. 基于旅游供给侧改革的佤族体育旅游产品开发. 创造，（273）：72-73.

续表

资源类	资源属	资源元	资源分布	产生背景	参与人数	运动规则	人员分工	器械种类	运动技术
表演类	定点属	爬滑竿	沧源县、西盟县等	从攀爬采摘生活中演变来的	1人	爬到竿顶拿到奖品为胜	参赛者按一定顺序爬滑竿	竹竿、奖品	爬
		竹竿舞	沧源县、西盟县等	从丧事舞蹈到娱乐舞蹈	4人	2人面对面在大竹竿之间跳舞	2人挪动竹竿，2人跳舞	大竹竿、小竹竿	抬竹竿，挪动脚步
节庆类	现代重组属	木鼓节	西盟县	从娱神到娱人	多人	从村寨自发到政府组织	根据需要分工	木鼓	拉木鼓、跳木鼓、祭木鼓等
	传统属	青苗节	耿马县	祈福庆典	多人	从村寨自发到政府组织	根据需要分工	根据需要准备	燃起篝火，载歌载舞
		新米节	沧源县	祈求来年风调雨顺	多人	从村寨自发到政府组织	根据需要分工	根据需要准备	燃起篝火，载歌载舞
养生类	健身属	打鸡棕陀螺	沧源县、双江县等	重大节庆时的活动	1人或多人	把对手打出场外为胜	互为攻防	鸡棕陀螺、绳子	旋转、打、甩陀螺
	美容属	摸你黑	沧源县	节日时涂抹"娘布洛"药泥防晒护肤	多人	从村寨自发到政府组织	互涂药泥以示祝福	"娘布洛"药泥	涂抹

1. 摸你黑

展现时间：摸你黑狂欢节定于每年的 5 月 1—4 日在云南省沧源县举办。

运动场地：沧源县摸你黑广场。

文化背景：摸你黑是从佤语音译过来的，意思是"这是我们追求的、我们所期待的，坚持下去吧，坚持到永久永久"。佤族是一个把精神生活看得比物质生活更重要的民族，因此，佤族人民总是乐观豁达、无忧无虑。他们利用空余时间尽情地享受歌舞所带来的欢乐，他们认为，今生只有一次，不管贫富贵贱，都要面对相同的轮回。摸你黑取意于佤族民间用锅底灰、牛血、泥土涂抹在额头上以驱邪祈福求平安的习俗。摸黑一脸，快乐一年，摸黑一身，幸福终生。老人常说："我生是因为我存在，我存在是因为我快乐。"佤族就是这样一个崇尚黑色的民族，摸你黑旨在让参加狂欢的人们"黑"一回，真正和阿佤人民打成一片，当一回佤族人，体验一次抛弃一切烦恼、超越尘世、穿越时空、回归自然的人生经历。传说，在远古时期，佤族人还没有衣服，毒辣的太阳以及纷扰的蚊虫无疑是人类艰难生活的两大阻碍，缘于一次偶然的机会，聪明的佤族祖先受到水牛的启发，用泥浆涂抹肌肤以防晒、防虫，于是每逢外出狩猎，佤族祖先便会在身上抹满黑泥、粘上树叶，这样就形成了一个有效的防护层，成为最原始的"衣物"。此外，佤族人发现泥土有止痛、消肿、解毒的作用，于是泥土就变成了必不可缺的"药品"，佤族人对泥土有一种崇敬及依赖的情感。

运动技术：在摸你黑活动中，谁最黑谁就最美，摸黑满脸，代表开心永久、快乐永久，摸得越多，意味着幸福越多。憧憬未来、向往美好、追求幸福、祈求平安和吉祥，是佤族人积极向上的人生真谛。只要加入摸你黑狂欢活动的队伍中，人们就会得到"娘布洛"药泥的神圣祝福。

运动规则：摸你黑狂欢节成功的原因在于目标定位准确，得到了佤族人民的认可和外来游客的喜爱。游客之所以喜爱，主要是被它的神秘色彩和全新的参与方式吸引，并从中真正获得一种身心融入的狂欢体验。每到摸你黑狂欢节，人们就自愿地到指定的地点，用仿制的具有防晒、美容护肤功效的黑色泥状保健品相互涂抹。

2. 甩发舞

展现时间：农闲时节、节庆活动时均是佤族姑娘展现甩发舞风采的好时机。

运动场地：佤族自家院落晾晒场、村中空地均是表演甩发舞的场地。

文化背景：这是广泛流传在佤族女子中的一种自娱性舞蹈，产生年代久远。佤族女子酷爱长发，以长发为美，并从小习惯长发披肩。近数十年来，甩发舞除单独跳外，还被文艺工作者用来与木鼓舞、象脚鼓舞、铓锣舞等编创在一起跳，在国内外跳出了名并多次获奖，使甩发成了佤族舞蹈的标志性动作之一。相传，甩发舞是500多年前一个叫叶带的佤族姑娘首创的，叶带与佤族小伙子岩奇相爱，一天，他们相约到山里找竹笋，竹林里蜘蛛网很多，密密麻麻地沾满了叶带的长发，她回到寨里用了三天三夜时间，想了很多办法也未能将蜘蛛网清除掉，后来，聪明的岩奇做了一把竹木梳送给叶带，让她在月下梳头，再到水槽下冲洗，甩干头发，终于把蜘蛛网全部除尽。叶带根据自己的体验，约着姑娘们编出了边唱边跳的甩发舞，一代一代流传下来。通过甩发展现佤族女子喜爱蓄留长发并时常在竹楼阳台洗发、甩发、梳发的场景和爱干净、爱美的习惯，通过甩发展现佤族女子美丽善良、勤劳豪放的品格。

运动技术：甩发舞既可两人表演，又可集体进行，但人数必须是偶数，舞伴拉手围成圆圈，边唱边跳，无乐器伴奏，每唱完一段唱词后，双手拉紧，身子后仰，接着左右前后猛然地甩起长发狂舞，好似巨浪翻腾，柔中有刚，给人美的享受。

运动规则：舞蹈人数不限，2人至数十人均可携手成排或成圆圈起舞，动作以上步、退步、左右移步配合上身前后俯仰、左右躬曲，顺势甩动黝黑漂亮的长发为主要特征，舞中甩发要求甩得像火焰升腾，似瀑布飞溅，充满佤族人特有的活力。整个舞蹈节奏强烈，动作优美潇洒，展现了佤族姑娘热情奔放、粗犷纯朴的性格。

器械特征：舞者自歌自舞，无乐器伴奏，服饰以黑色、红色为主色调，简洁大方，配以银头箍、各色珠链、大圈耳环、银手镯等。

3. 拔腰

展现时间：每逢秋收季节，佤族男子在歇息时进行拔腰比赛。

运动场地：村寨或田间。

文化背景：拔腰也叫拔桩，深受佤族中青年男子的喜爱，与云南其他少数民族的摔跤有相似之处，佤族拔腰比赛是智慧、力量、胆量的较量，将佤族男子坚定、果敢、努力拼搏的精神表现得十分充分。

运动规则：比赛时，双方体质、年龄要基本一致，不能过于悬殊，双方相互侧身抱住对方腰部后，比赛开始，拔腰不能用脚，双方抱紧对方来回扭甩，双脚站在原地不能移动，通常是以将对方两脚拔离地面，或摔倒对方为胜。

4. 踩高跷

展现时间：佤族踩高跷比赛一般在节日活动时举办。

运动场地：佤族在宽敞的空地上即可进行踩高跷比赛。

文化背景：踩高跷是佤族的一项民俗性体育活动。过去，高跷主要作为佤族民间的一类交通工具而使用，尤其是在雨季地面泥泞时，使用更为普遍，人们借此在村寨中串门访友，可避泥陷之苦，男女老少皆可为之。

运动技术：佤族踩高跷比赛的方式主要有高跷对打、踩高跷跳舞、踩高跷耍刀和高跷单脚跳等。

运动规则：佤族踩高跷主要以技巧和踢倒对方来决定胜负。

器械特征：传统的佤族高跷多用树枝或竹竿绑成，脚蹬离地面约50厘米。

5. 爬滑竿

展现时间：佤族爬滑竿一般在节日活动时举办。

运动场地：佤族爬滑竿一般在村寨广场中央举办，把涂满油脂的长约10米的竹竿立到广场中央。

文化背景：佤族人喜爱上树采摘鼻涕果、山楂等背回家当零食吃，在长期的攀爬采摘生活中创造出了爬滑竿这项体育活动。

运动技术：爬滑竿往往是后参赛者胜，因为先爬的人已经把竹竿上的油脂擦去一部分，滑力减小，人容易爬上去，当有人爬上竿顶取到奖品时，全场齐声呼叫祝贺，而后又擦油，装奖品，继续比赛，如此三四天才罢。

运动规则：在顶端空筒内装进奖品，然后挖洞把竹竿稳立在地上，参赛者按抽签或者报名的先后顺序开始爬滑竿，谁能爬到顶端，筒内的奖品就归谁所得，该活动十分热闹，往往倾寨出动围观。爬滑竿非常有趣，有的脱光衣服，只穿一条短裤爬，有的脱掉新衣，穿上旧衣爬，有的人眼看要爬到顶端时又滑落下来，使观看的人为他惋惜，又被逗得捧腹大笑。

器械特征：砍钵口粗细、两丈①多长的龙竹一棵，顶端留一节三四寸深的空筒用以盛奖品，然后削平竹节，刮光粗皮备用，比赛当天，竹竿上涂满油脂，以增强滑性。

二、已开发的佤族体育旅游资源

佤族特色体育项目打鸡棕陀螺已于2010年被列入省级非物质文化遗产保护名录，是少数民族传统体育运动会比赛项目，也是农忙闲暇或节假日的表演项目，双江县东等村的佤族人多次被邀请到昆明、上海、新疆、内蒙古等地参加全国性民族体育盛会；佤族拔腰来源于生产生活之余的娱乐，被国家民族事务委员会列为少数民族传统体育运动会比赛项目，开展较好；射弩作为一项具有民族特色的体育活动项目，不仅深深扎根于佤族人民的经济生产与社会文化的沃土之中，与佤族的生产、技能、文化、宗教和心理诸要素有着不可分割的密切关系，而且在生产技能与生活技能的传授、传统文化、传统宗教的民族心理的保持与沿袭方面产生了重要的作用。开展诸如射弩比赛类民族传统体育活动，实质上就是保持和发展佤族的传统民族文化。云南各地已开发的佤族主要体育旅游资源详见表2-8。

---

① 1丈≈3.33米。

表2-8 已开发的佤族主要体育旅游资源

类型	资源名称	参与人数	来源	时间性	表演性	体验性
养生类	打鸡棕陀螺	1人或多人	生产生活及娱乐活动	节庆时表演或日常健身	强	强
表演类	拔腰	2人	收获季节的娱乐	节庆和少数民族传统体育运动会时表演	强	弱
	射弩	1人或多人	原始狩猎	节庆时表演	强	弱
	剽牛舞	多人	原始祭祀	节庆时表演	强	弱
	甩发舞	2人或多人	梳发、洗发及爱美的习惯	节庆时表演	强	强
节庆类	木鼓节	多人	从村寨有重要事情需要与天神进行沟通到民众的娱乐	西盟县每年举办一次	强	强
	新米节	多人	祈福性民族娱乐	沧源县每年举办一次	强	强
	摸你黑	多人	祈福性民众狂欢	沧源县每年举办一次	强	强

三、可开发的佤族体育旅游资源

佤族地区的旅游开发相对较晚，已开发的体育旅游项目较少，具有开发潜力的体育旅游项目相对较多，可开发的傣族主要体育旅游资源基本情况见表2-9。在体育旅游产品开发中，大部分产品组合都具有较高的开发潜力，傣族人民可结合具体的旅游需求，将民族体育资源开发为特色旅游产品。

表2-9 可开发的佤族主要体育旅游资源

类型	资源名称	参与人数	来源	时间性	表演性	体验性
健身类、体验类	原始球类	多人	生产生活之余的休闲娱乐	日常休闲娱乐	强	强
	穿针	多人	生产生活之余的休闲娱乐	日常休闲娱乐	强	强
	集体舞	多人	节庆娱乐	节庆和日常表演	强	强
	竹竿舞	4人	宗教祭祀	日常休闲娱乐	强	强
表演类	爬滑竿	1人	生产生活之余的休闲娱乐	日常休闲娱乐	强	弱
	顶杠	2人	生产生活之余的休闲娱乐	日常休闲娱乐	强	弱
	脚踢架	2人	生产生活之余的休闲娱乐	日常休闲娱乐	强	弱
	踩高跷	多人	下雨时避免泥泞	节庆和日常表演	强	弱
	摔跤	2人	节庆娱乐	节庆和日常表演	强	弱
节庆类	青苗节	多人	传统节庆	节庆	强	强
组合型	佤族任意体育活动元素的组合项目	根据开发项目需要确定	来源于佤族生产生活、宗教传说等傣族文化背景	按需表演	强	强

佤族原始球类道具简单，内容丰富有趣，可以在各旅游景区、景点开展定时

的比赛，能延长游客的游览时间，获取旅游附加价值。佤族穿针比赛道具简单，形式丰富有趣，是很多现代都市人忽略的技术，邀请游客参赛、体验，能唤醒游客怀旧的情结、促进游客之间的交流，延长游客的游览时间，获取附加价值。竹竿舞道具和动作简单，节奏性强，邀请游客参赛，能促进游客之间的交流，延长游客的游览时间，获取附加价值。集体舞动作简单，节奏性强，可以在各旅游景区、景点开展。爬滑竿由于技术难度大、危险性大，但具有趣味性强、观赏性强的特点，可在各旅游景区、景点开展定时表演。青苗节是佤族传统节日，也是群众祈盼来年五谷丰登、六畜兴旺的一种祭祀活动，耿马县的青苗节的知名度远远不如沧源县的摸你黑和西盟县的木鼓节，政府可加大对青苗节的宣传和投入力度，吸引游客参与和观赏节日的表演。

第四节 分布最广民族：彝族体育旅游资源甄析

一、彝族体育旅游资源及分类

彝族被称为中国西南分布最广、支系最多的民族[①]。云南彝族大致分为 25 个支系，主要集中分布在楚雄州、红河州两个自治州，以及南涧彝族自治县（简称南涧县）、漾濞彝族自治县（简称漾濞县）、景东县、宁蒗县、峨山县、石林县、巍山县、江城县、镇沅县、景谷县、宁洱县、元江县、新平县、寻甸县、禄劝县等 15 个自治县，还有一些散居在其他地区。

云南彝族支系多，分布广，体育旅游资源类型也因此而非常丰富，彝族的主要体育项目有摔跤、赛马、射箭、斗牛、斗鸡、抢羊、磨秋、爬油杆、蹲斗、打浪桥、溜索、推竿、抵肩、打火把仗、火咧、跳火绳、对脚跳、披毡舞、彝族武术、扭扁担、藤秋、鸡啄米、舞彩龙、打窝、抱蛋、筛糠、选竺美、飞石索、翻背、荡绳、劈圆根、赛枪法、投石打靶、竹枪、水枪、跑山赛、跛子赛跑、跳高竹、跳牛、跳远、弹石球、弹鸡毛球、打松球等近百种。

2003 年，文化部正式授予南涧县"中国民间跳菜艺术之乡"的称号，2008 年，

---

① 巴莫（阿依）石布嫫，陈海汶（摄影）. 2013. 彝族中国西南分布最广支系最多的民族. 中国国家地理，（6）：142-145.

云南省牟定县申报的"彝族左脚舞"被国务院批准列入第二批国家级非物质文化遗产名录。随着云南旅游业的不断发展，一部分体育项目逐渐被开发出来形成体育旅游项目，如 2015 年云南民族村举行了名为"经典火把节""火把狂欢节"的活动，以此吸引游客；石林县每年举行的摔跤和斗牛比赛已经成为该地区一个代表性旅游活动；舞蹈方面，阿细跳月、烟盒舞等在各类活动中因其参与性强、运动技术简单而吸引了较多的游客参与。但不同支系中还有非常多的体育活动仅仅限于当地彝族居民参加，如爬刀杆、爬油杆等体育运动项目。彝族主要体育旅游资源见表 2-10。

表 2-10　彝族主要体育旅游资源

资源类	资源属	资源元	资源分布	产生背景	参与人数	运动规则	人员分工	器械种类	运动技术
竞技类	多人比赛属	赛马	红河州	满足娱乐生活，村赛之间进行比斗时的项目	符合条件者均可参加，无具体人数限制	骑手托着盛满水的木碗骑马先跑到终点，并且以木碗里的水不洒为胜	活动组织者为当地毕摩（专伺祭祀活动的主持人）和长老	马、盛水的木碗或木杯	速度快、平衡能力好，展示能力和技术
	对抗赛属	摔跤	弥勒市、石林县、泸西县等	娱乐活动，解决水源纠纷争端	符合条件者均可参加，无具体人数限制	摔跤规则与国际自由式摔跤十分相近	参赛队员、裁判	摔跤场边界竿、红色腰带、土炮	抱腰、抱单腿、过背、穿腿、夹臂翻等动作
游戏类	爬杆属	爬油杆	姚安县、牟定县等	爬油杆为嫁娶中的考验新郎的游戏类项目	主要参加者为新郎或者其兄弟	爬油杆讲究多人合作，先用其他物质将油擦干净再爬	组织者通常是周边头人，或兴趣相投的同龄人	一根 7 米以上、高而直的松杆，油杆顶端放有酒肉	爬油杆者向上爬时，下面有 1 人在下搭人梯辅助其攀爬
		爬刀杆	大姚县	由祭祀演化而来	以单人参加为主	双手扶刀，赤脚踩刀刃	组织者通常是周边头人，或兴趣相投的同龄人	立杆两侧绑有具有锋利刀刃的 36 把或 72 把锋利的长刀	主要考验攀爬者的勇气和信心并配合适当的技巧
	打击器械属	打陀螺	玉溪市等	可分为比赛类和游戏娱乐类	单人或多人	打陀螺实行一攻一守，攻 6 次、守 6 次，以得分决胜负	有相同兴趣爱好者或者村赛间组织比赛	陀螺、绳鞭	绳鞭长短和击打的力度大小、准确性
	跑跳游戏属	踩高跷	玉溪市、石屏县等	以娱乐为主要目的	不限人数	沿一定长度跑道比谁跑得快，或对抗赛，将对方撞倒或打下高跷，自己仍骑在高跷上为胜	由组织者组织拥有该项技能的人参与	高跷为两根各带一权的木棍	在比赛中保持平衡和速度

续表

资源类	资源属	资源元	资源分布	产生背景	参与人数	运动规则	人员分工	器械种类	运动技术
游戏类	跑跳游戏属	磨秋	武定县、红河县等	以娱乐为主要目的	不限人数	两人分别位于磨秋两端，磨秋转动时两人分别表演各种动作	有相同兴趣爱好者在娱乐活动中进行表演	磨秋	腹部贴竿、四肢悬空、在旋转至地面时伸手拾花等
		跳火绳	普遍流行于彝族聚居区	以娱乐为主要目的	不限人数	参与者手拿火绳跳跃前进，先到终点者胜	有相同兴趣爱好者娱乐表演	藤条和浇有松油、桐油的布条	双手握火绳两端，像跳绳一样跳跃前进
舞蹈类	器具舞蹈属	木鼓舞	临沧市	祭祀、节庆和战争	不限人数	迅速摆动双肩、胸、胯等	1人或多人击鼓，部分人员围绕木鼓起舞	木鼓、祭祀用品	歌舞并进，全身皆动
		跳老虎笙	双柏县等	生产、生活	一般由18人组成	舞者排成一行并以逆时针方向行进，毕摩等另外排列成一行	最前者手持竹竿，竿上吊有一药葫芦的虎头，其他人成行	毡子捆扎成的虎耳、虎尾、虎皮等	运动中的方向把握和队列变换
	唱跳舞蹈属	跳菜	南涧县	宗教祭祀、杂技与饮食文化的融合	一对跟着一对跳	舞蹈动作粗犷豪放、刚健有力	根据场地大小增减演员，可从几十人到几百人	各色菜肴，表演道具	口功送菜和空手叠塔跳
表演类	竞技表演属	斗牛	石林县等彝族聚居区	起源于村寨间比斗，为节庆娱乐项目	不限人数	斗牛最初由村寨间相互组织，逐渐发展为地方政府组织	裁判和斗牛者	斗牛使用的绳子、鞭子等	裁判在斗牛过程中化解斗牛险情的技术
	娱乐表演属	刀术	禄丰县高峰乡	起源于历史中平息叛逆、抗击压迫	2人表演刀术，周围跳舞者不限人数	一般舞刀者在场中央，在芦笙伴奏中表演	2人对刀，外围人员跳舞	蔡阳刀、关刀、关公大刀、短刀、芦笙	吸腿跳、踮步跨步跳
		舞龙	石屏县、元阳县、巍山县等	节庆活动、原始崇拜、祭祀活动	不限人数	祭祀仪式、口号、活动程序	不同的人举着龙头、龙身和龙尾	龙的模型	龙头用力最大、技术最高
养生类	集体健身舞属	葫芦笙舞	西畴县等	娱乐祭祀	不限人数	两人一对	吹笙的为男性，跳舞的为女性	葫芦笙	腰部、胸部和下颌部呈S形前后扭动
		左脚舞	石屏县、建水县等	祭祀仪式	不限人数	舞者的步伐彼此吻合，前三拍进退、转身、跳跃，后两拍原地拍掌对脚	全民参与，少则数十人，多则成百上千人	月琴、口弦、芦笙、唢呐、大三弦、铜鼓、刀剑	表演时，大家随着领舞者忽而形成两横排，忽而进退欢舞

1. 跳火绳

展现时间：彝族聚会时间。

运动场地：无明确场地限制。

运动规则：在赛场内画好起点线和终点线，比赛时，先将火绳点燃，一声令下，参赛者双手握住火绳的两头像跳绳一样跳跃前进，燃烧的火绳如火龙一样上下舞动，最先到达终点的人为胜利者。各地比赛距离不尽相同，一般都在 30～50 米。参赛者带着火绳跑步或走路都被视为犯规。

运动器械：藤条和浇有松油、桐油的布条。

运动技术：双手握火绳两端像跳绳一样跳跃前进。

2. 跳老虎笙

展现时间：主要展现在彝族生产、生活之中。

运动场地：无明确场地限制。

文化背景：跳老虎笙是彝族一种神奇的传统舞蹈，彝族崇拜虎，以虎为图腾，自诩是虎的民族、虎的后代，跳老虎笙由接虎神、跳虎舞、虎驱鬼扫邪和送虎四部分组成，其舞蹈形式有表现老虎生活习性的 12 套虎舞和表现生产劳动的一系列舞蹈。

运动规则：舞者排成一行，并以逆时针方向行进，毕摩等另外排列成一行，最前者手持竹竿，竿上吊有一药葫芦的虎头。

运动器械：毡子捆扎成的虎耳、虎尾、虎皮等。

运动技术：运动技术主要表现为运动中的方向把握和队列变换。

3. 斗牛

展现时间：彝族节庆和祭祀期间。

运动场地：当地民间和政府建造的斗牛场。

文化背景：自古以来，彝族人就将牛视为力量和财富的重要象征，同时牛也是彝族传统社会的重要生产工具；彝族人欣赏斗牛，体现的是彝族人对雄性力量的崇拜。斗牛在云南广大彝族地区已有近千年的历史，该活动为彝族各村寨间的传统比赛项目之一，多在耕种大忙结束、耕畜得以复壮的端午节、火把节、中秋节举行。彝族聚居区大多有此项活动，云南省石林县内大多数村寨都有自己的斗牛场，定时或不定时地举办斗牛活动，有的斗牛场历史有数百年。

运动规则：比赛开始，两头牛头部相抵，较起了牛劲，它们四脚叉开，喘着粗气，肌肉剧烈抖动，奋力拼搏，如果二者实力相当，每每形成精彩异常的拉锯战、持久战，整个场面高潮迭起，酣畅淋漓，令人大饱眼福。在激烈的搏斗中，直到一方败下阵去，比赛方告结束。获胜的牛披红挂彩，由主人牵着绕场一周，场上群情激动，气氛火爆，喝彩声此起彼伏，响彻斗牛场上空，经久不息，祝贺斗牛和它的主人的胜利。

运动器械：斗牛、鞭子等。

运动技术：与西班牙斗牛不同，这里是牛与牛斗，体现了彝族人民的敦厚、质朴、善良的心地和对牛的尊重、爱护、体贴，虽险象环生，却每每有惊无险，技艺高超的裁判和斗牛师总能化险为夷，把惊喜、欢乐奉献给观众。

4. 打歌

展现时间：娱乐和祭祀活动中。

运动场地：村寨中宽阔平坦的场地。

文化背景：打歌为彝族很具代表性的、浑厚古朴的、具有群众自娱性的集体舞蹈，漾濞县彝族喜爱打歌，这是彝族最具特色的文娱活动。彝族打歌是一种载歌载舞的集体舞，风格刚劲、明快，有168种舞步之多。群舞者在笙、笛的伴奏下边歌边舞，舞步整齐，舞姿矫健。在举行礼仪的场合，开场时须由长者率若干青壮男子跳序舞，序舞后则无论男女长幼、生人熟客均可随意参加，2008年6月7日，彝族打歌被国务院批准列入第二批国家级非物质文化遗产名录。

运动规则：舞者的步伐彼此相吻合，前三拍进退、转身、跳跃，而后原地拍掌对脚。

运动器械：月琴、口弦、芦笙、唢呐、大三弦、铜鼓、刀剑。

运动技术：表演时，大家随着领舞者忽而形成两大横排，忽而进退欢舞。

二、已开发的彝族体育旅游资源

云南彝族支系较多，分布广泛，很多地方的彝族体育旅游项目已经得到开发，有的与其他少数民族体育旅游项目共同开发，但多半是观赏性的，或者在节庆中观赏与体验，开发层次较浅。2006年，彝族的葫芦笙舞和烟盒舞被国务院批准列入第一批国家级非物质文化遗产名录，2008年，彝族的左脚舞、跳老虎笙、跳菜、打歌被国务院批准列入第二批国家级非物质文化遗产名录，彝族是云南省入选国家级非物质文化遗产名录体育旅游资源数量最多的民族。

葫芦笙舞以躯体 S 形前后扭动的典型舞姿而独树一帜，展现了古代云南人葫芦笙舞的遗韵，彝族火把节是彝族地区的传统节日，火把节多在农历六月二十四举行，为期三天，承载着诸多体育项目。云南省少数民族运动会于 1955—2014 年共举行了十届，第十一届于 2018 年 12 月 4—13 日在临沧市举行，其中彝族竞赛项目射弩、打陀螺、荡秋千、摔跤、赛马等多有展现。目前已经开发的彝族体育旅游资源主要以竞技体育表演的形式进行开发、开展和推广，已开发的彝族主要体育旅游资源见表 2-11。

表 2-11　已开发的彝族主要体育旅游资源

类型	资源名称	参与人数	来源	时间性	表演性	体验性
竞技类	摔跤	不限人数，参赛人员不分年龄、性别等	主要起源于民间娱乐游戏及解决争端的手段	节庆、休闲娱乐	强	弱
	斗牛	不限人数	以饲养的家畜为载体，逐渐演变成一种运动	集会、节庆	强	弱
	打陀螺	不限人数	从彝族生产生活中演变而来	休闲娱乐	强	强
	赛马	不限人数	以饲养的家畜为载体	集会、节庆	强	弱
舞蹈类	跳菜	一对跟着一对跳，不限人数	宗教祭祀，舞蹈、音乐、杂技与饮食文化的融合	宗教祭祀、节庆、娱乐	强	强
	左脚舞	不限人数	源于彝族日常生活和休闲娱乐	休闲娱乐	强	强
	烟盒舞	不限人数	源于生产劳动、日常生活	休闲娱乐	强	强
	葫芦笙舞	不限人数	从祭祀和日常娱乐活动中演化而来	节庆、娱乐	强	一般
	打歌	不限人数	休闲娱乐	节庆、娱乐	强	强

三、可开发的彝族体育旅游资源

彝族传统体育具有很强的参与性、娱乐性、健身性，很多项目简单易学，便于游客亲自体验和感受，以达到享受、娱乐与健身的旅游目的，让游客在参加彝族节庆活动中不但能欣赏歌舞表演、体育竞技活动，而且能亲身体验到彝族传统体育活动的魅力，融入欢乐、刺激的气氛中，给游客带来视觉、听觉、触觉的全方位冲击。综合研究分析，一方面，彝族体育旅游资源适合以竞技体育表演的形式进行开发、开展和推广；另一方面，目前已开发的大多数民族体育活动的可参与程度不高，游客只是观赏，没有亲身体验的乐趣。因此，彝族体育旅游资源开发一方面应继续开发百姓喜闻乐见的竞技体育表演类项目，另一方面应增强原有民族体育活动的可参与性，充分维护和开展原生态的、可参与度较高的民族活动项目，以创新的形式增强运动项目的趣味性和可参与性。很多彝族传统体育旅游资源仍然散落在民间，有待发掘、筛选、整理和升华，以充实彝族传统体育旅游产品。另外，彝族传统体育旅游的发展必须引入彝族地区本土居民的参与机制，彝族本土居民与游客共同参与完成各种传统体育项目，力求保持彝族文化风俗的原汁原味，使游客在与本土彝族居民的互动中真正领略到彝族体育项目的风采。可开发的彝族主要体育旅游资源见表 2-12。

表 2-12　可开发的彝族主要体育旅游资源

类型	资源名称	参与人数	来源	时间性	表演性	体验性
游戏类	踩高跷	多人参加，无人数限制	从彝族生产生活中演变而来	休闲娱乐	强	弱
	爬刀杆	以单人参加为主	由祭祀活动演变而来	祭祀活动、节日表演	强	弱
	跳火绳	多人参加，无人数限制	从彝族生产生活中演变而来	祭祀活动、节日表演	强	弱
组合型	彝族任意体育活动元素的组合项目	根据开发项目需要确定	来源于彝族生产生活、宗教传说等彝族文化背景	按需表演	强	强

第三章

云南少数民族体育旅游资源
产品化开发的理论基础

　　少数民族体育旅游资源产品化开发的基本内涵是对各少数民族的体育活动，按照旅游发展的内在规律，以游客的需求为导向，将少数民族体育活动改造成适合于游客健身、娱乐、休闲、交际的旅游产品，从而形成具有良好的经济效益、社会效益和环境效益的旅游过程。

第一节　云南少数民族体育旅游资源产品化
开发的 SWOT 分析

　　本章以傣族、哈尼族、佤族、彝族为代表，运用 SWOT 分析法分析云南少数民族体育旅游资源产品化开发的优势、劣势、机遇、挑战，为云南少数民族体育旅游资源产品化开发提供理论依据，促进云南少数民族体育旅游资源的产品化开发。

一、傣族体育旅游资源产品化开发的 SWOT 分析

（一）傣族体育旅游资源产品化开发的优势分析

1. 自然环境优势

一定地域是一个民族长期繁衍生息的空间条件。傣族是一个具有悠久历史和

灿烂文化的民族,源于古代分布在我国南方广大地区的百越族群。傣族主要分布在云南省的南部和西南部,其居住地区常被人们称为"孔雀之乡",特殊的地理条件使这里形成了独特的自然地理环境。群山环抱中的盆地、平坝地势较低,气候属亚热带和热带季风雨林气候类型。澜沧江、怒江、金沙江、红河四大江河贯穿该地区,傣族因此傍水而居。傣族独特的地理环境、优越的区位优势、极具禀赋的自然资源、绚丽多彩的少数民族文化、极其发达的旅游业、初具规模的文化产业、独具魅力的民族体育、优良宽松的开发政策等为傣族体育旅游资源产业化开发提供了有利条件。

2. 傣族体育旅游资源优势

傣族体育旅游资源不仅种类繁多,而且表现形式多样,傣族分布的集中地区又是云南旅游发展较早的地区。傣族传统体育文化是其独特的自然环境因素与人文环境因素复合作用的结果,其传统体育形式表现出柔美、细腻、传情、祥和、修身养性等文化特质。独具特色的打陀螺、踢藤球、跳竹竿、赛象脚鼓、赛龙舟、丢包、堆沙和傣族武术等体育活动,是傣族传统体育文化的智慧结晶。踢藤球是缅甸及靠近缅甸边界线傣族地区的一项球类游戏活动;跳竹竿是傣族民间的一项传统体育活动,与傣族生活的自然环境有着密切的关系;赛象脚鼓是傣族民间一项传统体育活动,主要流行于傣族男子中。傣族最为有代表性的传统体育活动当属泼水节。泼水节可以说是云南参与人数最多、影响最为广泛的一项传统体育活动,吸引了大量的游客,为傣族体育旅游资源的产品化开发提供了重要的标杆。

(二)傣族体育旅游资源产品化开发的劣势分析

傣族体育旅游资源的开发整体上仍缺乏统筹系统规划,处于无序状态;资源与产品开发都缺乏充分的科学规划,大多数是基于节庆表演,或者分散于各个村落,缺乏科学充分的旅游发展规划,即便是傣族旅游社区也缺乏对体育旅游项目开发的策划;资源利用不尽合理,粗放经营;投资主体过于单一,资金处于原始积累阶段;产业规模尚未形成,处于单打独斗之势;开发速度缓慢,产业化程度不高。这些因素都成为制约傣族体育旅游资源产业化的瓶颈,在很大程度上束缚了体育旅游资源产业化的脚步,严重影响并限制了傣族体育旅游资源产业化的进程。

（三）傣族体育旅游资源产品化开发的机遇分析

1. 国家"一带一路"倡议的提出

共建"丝绸之路经济带"和"21 世纪海上丝绸之路"是我国"十三五"规划期间对外开放的重大倡议。云南既是"丝绸之路经济带"的重要节点，又是我国内陆连接"21 世纪海上丝绸之路"最快捷的通道；同时，云南作为面向西南开放的重要桥头堡，多年来与东南亚、南亚国家建立了友好的合作关系，并积极推进孟中印缅经济走廊的建设发展，为融入"一带一路"建设奠定了基础。云南将打造具有丝绸之路特色的国际精品旅游线路和旅游产品，进一步扩大国际旅游规模。

2. 西双版纳州的基础设施建设

西双版纳州进入《云南省五大基础设施网络建设规划（2016—2020 年）》的项目共 113 个[①]。其中，路网 5 项、航空网 1 项、能源保障网 6 项、水网 98 项、互联网 3 项，投资规模 730 亿元。截至 2016 年 9 月底，西双版纳州五网建设累计完成投资 101.3 亿元，同比增长 179%，各项工程有序推进。路网方面：综合交通在建项目玉磨铁路西双版纳段施工招标已结束，施工队伍陆续进场动工，累计完成投资 10.15 亿元。小磨高速公路于 2015 年 5 月开工建设，已累计完成投资 77.5 亿元。项目路基、桥梁、隧道、质量检测工作已接近尾声，部分路基、路面试验段铺筑正在有序进行。新开工的橄榄坝航电枢纽工程、澜沧江 244 界碑至临沧港四级航道建设工程已编制完成项目可行性研究报告，正抓紧开展项目前期各项工作，景洪勐罕枢纽港区建设工程累计完成投资 1.2 亿元。能源保障网方面：小黑江回龙山水电站、流沙河三级水电站增效扩容改造工程、农网改造升级工程、景洪市城市燃气工程、农村清洁能源改造推广等 15 个在建项目进展顺利。农网改造升级工程等 4 个新开工项目正抓紧推进各项前期工作。全力推进橄榄坝航电枢纽项目、西双版纳天然气支线管道工程、农垦农网改造升级工程前期工作，力争尽快实施。互联网方面：西双版纳州电信"全光网州"光纤接入新建及改造项目完成投资 2847 万元，新建端口 7.6 万个。互联网+应用的"平安城市"传输接入项目完成投资 505 万元。其中，景洪工业园区已完工验收。西双版纳州移动"宽带乡村"试点工程完成一期建设，开通 4G 基站 170 个，有线宽带覆盖行政村 221

---

① 西双版纳傣族自治州人民政府. 2016. 我州强力推进五大基础设施网络建设. http://www.xsbn.gov.cn/107.news.detail.dhtml?news_id=34462[2018-05-06].

个。航空网方面：西双版纳机场四期改扩建工程项目完成总体规划修编方案，规划了机场近期、中期及远期的发展目标。这些都为傣族体育旅游的发展带来了重大的发展机遇。

（四）傣族体育旅游资源产品化开发的威胁分析

傣族体育旅游的开发为傣族地区带来了直接的经济效益，在增加就业岗位和机会、改善基础设施、传承传统体育技术、改善经济结构等方面都做出了积极的贡献。即便如此，傣族地区旅游开发的过程必然会受到正负两面的影响，其中最大的问题是物质水平提高和传统文化传承之间的矛盾。与众不同，甚至充满神秘色彩的生产生活方式及地理位置使少数民族地区保持了独特的民族体育文化，这成为发展体育旅游的优势资源。但是，旅游业发展伴随而来的外部信息，也会使传统文化受到现代文明的巨大冲击，这样就会影响到当地民族文化，使得民族文化同化、价值扭曲，文化的元素被商业化、商品化和"舞台化"。用社会学中的社会交换理论来解释这种社会现象，可以概括为"利益驱动"，通过"利益驱动"的设计实现文化系统的传承，寻找民族体育旅游开发与传统文化保护共赢的途径。表3-1为傣族体育旅游的 SWOT 分析。

表 3-1　傣族体育旅游的 SWOT 分析

	内部分析	
	优势	劣势
外部分析	①傣族独特的地理环境，优越的区位优势；②绚丽多彩的少数民族文化；③极其发达的旅游业，初具规模的文化产业；④独具魅力的民族体育，优良宽松的开发政策；⑤体育旅游资源种类繁多，形式多样	①缺乏统筹安排，处于无序状态；②产业布局缺乏充分的科学规划；③资源利用不尽合理，尽显粗放经济；④投资主体过于单一，资金处于原始积累；⑤产业结构单一，未形成产业化
机遇	优势与机遇的应对措施	劣势与机遇的应对措施
①国家"一带一路"倡议带来的中外合作前景；②云南面向南亚、东南亚独特的地理优势；③西双版纳州中、远期发展基础设施建设初具规模	①整合现有资源，合理进行规划；②以多姿多彩的体育活动为内容，促进云南少数民族体育与地方文化的有机融合；③抓住机遇，寻求发展	①抓住发展机遇，统筹发展；②培养专门管理人才，统筹安排产业布局；③改变资源利用无限观，树立正确的资源观
威胁	优势与威胁的应对措施	劣势与威胁的应对措施
①物质生活水平的提高与传统文化的传承之间的矛盾；②"利益驱动化"下过度商业化对传统文化的冲击，破坏了傣族体育旅游资源的原生态性	①保持文化原生形态，凸显文化内涵，突出文化之间的差异；②开发与保护并举，注重体育文化生态环境的保护与建设，对体育资源进行合理、适度、有效的开发与利用	①积极拓展，走外向、集约型道路；②保持体育项目的原真性，注入民族文化元素

二、哈尼族体育旅游资源产品化开发的 SWOT 分析

云南省哈尼族主要分布在红河州的红河县、元阳县、绿春县，以及距离红河州较近的江城县、墨江县。红河州是哈尼族最多的地区，所以对于哈尼族体育旅游资源的产品化开发主要以红河州为代表开展研究[①]。

（一）哈尼族体育旅游资源产品化开发的优势分析

1. 哈尼族分布区地理环境丰富多样

红河州地处云南省南部，紧邻越南，总面积 3.293 万平方千米，国境线长 828 千米。地处滇南低纬高原季风活动区域，地域辽阔，气候类型复杂多样，具有"一山分四季，十里不同天"的山地立体气候特征：光热资源充足，冬无严寒，夏无酷暑，属亚热带气候，年平均气温在 15～22℃。全州位于云岭山脉分支六诏山和哀牢山的南延地带，地势由西北向东南渐次递降，红河大裂谷把州内地形分为南北两部分，南部为哀牢山余脉，山高、谷深、坡陡，地形错综复杂；北部为滇东岩溶高原区，山脉、河流、盆地相间排列，地势较为平缓，立体气候明显。红河州内有世界文化遗产——哈尼梯田、国家级风景名胜区——建水、国家级森林公园——花渔洞，还有省级风景名胜区 7 个，省级自然保护区 5 个。一方水土养一方人，独特的自然环境优势使得哈尼族拥有独特的民族体育项目，地理环境的影响使得这些民族体育项目的原真性保存良好。

2. 哈尼族传统体育优势

红河州除了汉族以外，还有哈尼族、彝族、苗族、傣族、壮族、瑶族、回族、布依族、拉祜族、布朗族等十个世居民族，少数民族人口占 58%，是全国哈尼族、彝族主要聚居区之一。各民族都拥有各自具有代表性的传统体育旅游活动。哈尼族体育旅游资源众多，分布在红河州的红河县、元阳县、屏边县、金平县、河口县等哈尼族分布地区，主要包括竞技类的摔跤、射弩，游戏类的荡秋千、打陀螺、踩高跷等，舞蹈类的白鹇舞、木雀舞等，表演类的铓鼓舞、棕扇舞和武术，节庆类的乐作舞和掷草包。哈尼族体育文化与其他民族的体育文化相互融合，又产生了新的体育文化资源，资源丰度比较高。丰富的民族传统体育项目为体育旅游的

---

① 朱露晓，陈亚鹭，王婷. 2017. 云南哈尼族体育旅游资源产品化开发的 SWOT 分析. 云南师范大学学报（自然科学版），37（5）：76-80.

发展带来了规模效益，为实现协同发展提供了条件。

3. 哈尼族村寨传统仪式文化保留较好，开发村寨体育旅游项目具有很大潜力

哈尼族村寨基本都处于山区和半山区，地形闭塞，传统村寨文化保留较好，传统体育项目依托于宗教祭祀、节庆活动等存在。例如，磨秋成为重要的体育项目，在宗教祭祀、节庆、日常康体娱乐活动中成为不可缺少的体育活动。

（二）哈尼族体育旅游资源产品化开发的劣势分析

1. 经济发展制约了体育旅游的发展

哈尼族大多居住在海拔 800～2500 米的山区，主要从事农业。城镇经济欠发达制约了体育旅游服务设施、产品、消费等进一步的发展。

2. 体育旅游的设施设备不够完善

体育旅游设施设备包括旅游交通工具和交通设备、旅游宾馆、旅游饭店、供应旅游商品的商店、供游客运动和娱乐的设施，以及为适应游客的不同需要和爱好而准备的各种设施。哈尼族还没有进入体育旅游整体开发阶段，体育旅游的设施设备建设比较落后，不能为游客提供相应的设施设备。

3. 缺乏体育旅游发展的专门性人才

体育旅游人才的缺失是制约云南体育旅游发展的最大瓶颈，体育旅游专门人才不仅是旅游的发起者和倡导者，而且是体育旅游的组织者和管理者，云南省体育旅游产业部门尤其缺乏高素质的体育旅游资源开发人才以及高素质的体育旅游经营管理人才，这也在一定程度上影响了哈尼族体育旅游的进一步发展。

（三）哈尼族体育旅游资源产品化开发的机遇分析

1. 体育旅游产业发展势头强劲

早在 1970 年，著名的未来学家阿尔文·托夫勒在《未来的冲击》一书中就提出：在经历了农业经济、工业经济、服务经济等经济发展阶段后，体验经济将是最新的发展浪潮。体育旅游以其独特的魅力正好满足了现代人类日益增长的各种体验需要，成为新的旅游经济增长点。与此同时，世界各国对大型体育盛会举办权的竞争日趋激烈，如申办奥运会和世界杯，举办大型体育盛会可以树立本国良好形象，提高国际地位，推动旅游业的发展。这些事实表明，体育旅游已成为现代旅游业中一道亮丽的风景线，在全世界形成强劲的发展势头。

2. 政府的重视与支持为体育旅游的发展提供了政策环境

国家着力发展旅游服务新业态，重点推进旅游与温泉疗养业、健康服务业、养老服务业、体育产业、商贸服务业等消费性服务业融合发展；举办国内外大型体育赛事，营造旅游"新亮点"和"新热点"，大力发展体育旅游业、健康旅游业、养生养老旅游业等旅游新业态。红河州在此基础上加快五大基础设施网络和综合交通建设，是省委、省政府立足云南实际，促进区域协调发展、全面建成小康社会做出的重大部署，是主动服务和融入国家"一带一路"倡议、长江经济带战略以及建设面向南亚、东南亚辐射中心的重要支撑，是红河州加快融入滇中、联动南北、开放发展的重要抓手。红河州委、州政府历来高度重视基础设施建设，有效改善了全州发展基础和条件，有力促进了全州体育旅游的发展。

（四）哈尼族体育旅游资源产品化开发的威胁分析

1. 可替代旅游资源影响哈尼族体育旅游的发展

旅游资源的可替代性对游客决策产生了较大影响。红河州哈尼族的旅游资源在全省范围内比较，特色不够突出，像丽江、大理、西双版纳、香格里拉，特别是丽江、大理等地，都分流了一部分客源市场。虽然哈尼族的旅游资源有一些特色项目，但是与旅游开展较好的地方相比较，无论是在休闲旅游资源禀赋、休闲度假的设备与服务还是在知名度、美誉度、认可度等方面，都与它们存在较大差距。

2. 旅游业的发展给环境保护带来压力

体育旅游活动对环境的污染主要是水污染、垃圾污染两个方面。大量增加的游客在为哈尼族旅游业带来良好经济效益的同时，也对哈尼族地区特别是旅游区的环境造成比以往同期更为严重的破坏。如何有效解决旅游活动造成的环境污染问题是摆在旅游管理和环卫等部门面前的一个重要课题。

3. 体育旅游资源开发意识淡薄

目前，在国内外旅游市场竞争激烈的严峻形势下，由于缺乏足够的营销投入和适应市场变化的强有力的促销手段，红河州哈尼族整体旅游形象不突出，在国际、国内的知名度不高，开发体育旅游资源的理念没有得到广泛认同。表 3-2 为哈尼族体育旅游的 SWOT 分析。

表3-2　哈尼族体育旅游的 SWOT 分析

外部分析	内部分析	
	优势	劣势
	①丰富多样的地理环境；②民族传统体育优势；③人文体育资源（历史文化古迹、民俗风情）	①经济发展制约了体育旅游的发展；②体育旅游的设施设备不够完善；③缺乏体育旅游发展的专门性人才
机遇	优势与机遇的应对措施	劣势与机遇的应对措施
①体育旅游产业发展势头强劲；②政府的重视与支持为体育旅游的发展提供了政策环境	①体育与旅游部门加强合作，发挥政府力量，鼓励多渠道投资；②加大民族传统体育旅游资源的挖掘力度；③多渠道加快体育旅游人才的培养	①加强体育与旅游业基础设施建设；②在政府的支持下，抓住机遇，大力发展体育旅游；③开拓市场使经济和体育旅游实现联动发展
威胁	优势与威胁的应对措施	劣势与威胁的应对措施
①可替代旅游资源影响哈尼族体育旅游的发展；②旅游业的发展给环境保护带来压力；③体育旅游资源开发意识淡薄	①发展具有独特性的体育旅游项目，突出特色；②发展的同时兼顾环境保护；③强化对体育旅游资源的发掘	①提升体育旅游项目的影响力；②提高体育旅游人才的综合素质；③加大宣传力度

三、佤族体育旅游资源产品化开发的 SWOT 分析

佤族自称"阿佤"，周秦时期是"百濮"的一支，清代有"嘎剌""哈瓦""卡佤"等不同称谓。中华人民共和国成立后，统称其为佤族，意思是"住在山上的人"，佤族有自己的语言，属南亚语系孟高棉语族佤语支，佤族先民过去没有文字，长期用木刻和实物记事。佤族为了避免动物的伤害，常常采取本能的防御动作，无意识的本能动作形成了佤族的原始活动，并逐渐发展为有意识的体育活动。[①]临沧市是佤族主要居住地之一，所以本书以临沧市为代表进行分析研究。

（一）佤族体育旅游资源产品化开发的优势分析

1. 自然环境资源独特

云南的佤族主要居住地区为东经99°～100°，北纬22°～24°，澜沧江与萨尔温江之间，怒江山脉南段舒展的地带。这里山岭连绵，平坝很少，故被称为"阿佤山乡"。为了适应恶劣的生存环境，佤族群众在生产生活中使用棍、棒、竹箭、石块等工具和武器，运用劈、砍、刺、扎、掷等动作来防身自卫和猎取食物，这些初始的自卫手段是佤族体育的萌芽，经过千百年的发展，这些体育技能得以传承，自然环境的制约也使得这一地区的民族传统旅游项目保存的原真性和完整性

---

① 陶翠香，何卫东. 2013. 佤族传统体育传承发展因素及对策探析. 运动（大众体育），（58）：143-144.

比较高。

2. 佤族传统体育资源优势

佤族的传统体育项目来源于该民族的原始宗教祭祀活动、节庆活动、生产生活活动、民间娱乐活动，几乎涵盖了佤族日常生活的各个领域。以拉木鼓为例，佤族笃信原始宗教，每年都要照例举行多次大型的"祭鬼"仪式。于是木鼓就成了一种独特的祭祀工具。制作新木鼓时，首先需要从森林中拉回一段大树干，这被称为"拉木鼓"。拉木鼓是佤族人民生活中的一件大事，一般在阳历 1 月进行。届时，巫师鸣枪并敲击召集村寨群众，举行祭祀和剽牛活动。拉木鼓是整个村寨的人都要参与的盛大活动，每个佤族村寨都至少有一对以上的木鼓，较小者被称为"公鼓"，较大者被称为"母鼓"。这些独特的哈尼族体育文化给予人神秘感和吸引力，能够为民族体育旅游的发展带来大量的客源。

（二）佤族体育旅游资源产品化开发的劣势分析

1. 体育项目发展参差不齐

丰富的佤族传统体育项目并没有得到蓬勃的发展，佤族主要的传统体育项目中也存在失传或濒临失传的项目，即便是在被国家民族事务委员会列入比赛的 4 个项目中，也仅有"拔腰"一项开展得比较好。

2. 政府扶持力度不够

佤族传统体育项目的开展地区大都集中在云南省经济相对落后的西南部山区，交通不便、信息不畅，很多地区还处于比较原始的社会文化阶段，使得政府力不从心。政府在建设社会主义新农村的实践中把更多的精力放在解决温饱、发展经济方面，而对佤族群众的精神文化生活关注不够，旅游发展也受到很大限制，因此开发体育旅游资源还没有更好的宏观和微观条件。

3. 参与人群大量流失

地处山区的佤族青壮年为了改变经济落后的状况，纷纷走出大山，进城务工，村寨中留下的人群以老人和小孩为主，青壮年的离开使得一些传统体育项目比赛失去了原有的竞争性和对抗性，偶有参加的人也只是将其作为茶余饭后消磨时光的一种方式。返乡归来的务工者由于可以接触到更多的娱乐活动，逐渐对本民族的传统体育项目失去了兴趣。对佤族青壮年的一项调查发现，高达 70% 的被调查者表示，在锻炼时，他们宁愿选择桌球和篮球，也不愿意选择佤族传统体育项目[①]。

4. 部分项目没有相对严谨明确的比赛规则

完善的比赛规则能促进运动项目的健康发展，由于很多少数民族传统体育项目是民间传承下来的，比赛规则和裁判法往往是一种口头约定，因而缺乏科学性和合理性，人们在比赛过程中难以做到公平竞赛。

（三）佤族体育旅游资源产品化开发的机遇分析

1. 学术研究带来了旅游聚焦效应

沧源县的佤族部落是由原始社会直接过渡到现代的社会主义社会的，他们的生活方式、生活习惯是少数民族跳跃式发展的一个缩影，由于具有这样的历史机缘，佤族部落的历史、文化和社会生存方式等经历了多方面的变革，这些变革对人类学、经济学、社会学等学科的科学研究都具有一定的研究价值，翁丁村的佤族部落得到了广大学者的关注和研究，使翁丁村赢得了国内外的关注和支持。

2. 与国家政策相契合

我国将建设社会主义核心价值体系作为推动社会主义文化大发展大繁荣的根本任务。2014年9月28—29日召开的中央民族工作会议暨国务院第六次全国民族团结进步表彰大会指出：多民族是我国的一大特色，也是我国发展的一大有利因素；支持民族地区加快经济社会发展，是中央的一项基本方针；要加强基础设施、扶贫开发、城镇化和生态建设，不断释放民族地区发展潜力；要大力发展特色优势产业，增强民族地区自我发展能力，把优势资源开发好、利用好，推动产业结构上水平，加快发展服务业，逐步把旅游业做成民族地区的支柱产业。[②]这些重要的论断充分体现了国家对少数民族的重视，也预示了通过开发旅游资源带动少数民族地区的发展大有可为。在此背景下，加紧开发佤族体育旅游资源，很好地契合了国家的政策安排。

3. 临沧市基础设施建设提供了强劲动力

临沧市全力推进综合交通基础设施建设，推动沿边地区开发开放，主动融入、服务国家和省级战略，积极争取临沧大通道建设进入国家"一带一路"建

---

① 赵兵，袁际学. 2015. 佤族"跳竹竿"开展状况与对策研究. 体育时空·上半月，（5）：1-3.
② 中央民族工作会议暨国务院第六次全国民族团结进步表彰大会在北京举行. http://cpc.people.com.cn/n/2014/0930/c64094-25763749.html[2018-11-20].

设和孟中印缅经济走廊建设规划，加快临沧市跨越式发展。"以打通昆明经临沧由清水河出境至缅甸腊戌至皎漂港国际大通道为核心，全力构建以航空为先导、铁路和公路为骨干、水运为补充，内连外通的立体综合交通网络"是临沧交通事业发展目标①。2015 年 9 月 4 日，祥云至临沧铁路项目获得国家发展和改革委员会批复，标志着临沧"铁、公、机"大交通网络时代来临。该项目功能定位为滇中、滇西与滇南地区联系的重要通道，是客货并重区域性干线铁路，也是泛亚铁路的组成部分。该项目路线全长 199 千米，投资预算总额 155 亿元，速度目标值为 160 千米/小时。临沧市的基础设施建设为佤族体育旅游的发展提供了强劲的动力。

（四）佤族体育旅游资源产品化开发的威胁分析

1. 宣传推广的制约

当今世界已进入信息化社会，信息技术和新媒体技术的迅速发展，给体育文化的宣传推广提供了无限可能。和篮球、足球、排球、乒乓球等一些普及较广、社会影响力较大、认可度较高的体育项目相比，民族体育项目宣传推广的力度、广度和深度还存在诸多不足。无论是报纸、广播、电视等传统媒体还是手机、网络、数字电视等新媒体，对于民族体育项目的宣传报道都较少。民族体育项目社会曝光度和认可度原本就低于主流体育项目，加之缺乏各种媒体的宣传推广，在一定程度上制约了民族体育的发展。

2. 西方体育文化的冲击

西方体育文化作为当今全球体育文化中的强势文化，正冲击着佤族传统体育文化。目前，在佤族聚居区域广泛开展和流传的项目多数已经被篮球、足球、网球、健身操等项目取代，佤族传统体育正逐步被淡化。西方现代体育提倡竞争、超越对手，而我国少数民族体育更多强调体育对于身心的愉悦性、审美性、娱乐性，而忽视了现代体育中竞技性的提升与规则的进一步完善。体育全球化不仅导致世界体育文化同质化，而且影响了人们的体育价值观与审美取向，佤族传统体育文化在这样的背景与冲击下，不自觉地被逐渐同化了。

3. 政府支持力度不够，部分佤族体育项目失传

实地调查与跟踪调查发现，佤族传统体育在发展过程中，存在政府对其资金

---

① 郭雪艺，周秋田. 临沧步入大交通网络时代. 人民日报海外版，2014-12-02（2）.

投入不足、传承人的培养不够、场地设施不足等问题。此外，佤族先民过去并没有文字，长期用木刻和实物记事，在传统体育的传承过程中，许多佤族体育项目相继失传了，这都影响了佤族传统体育的传承和发展。

4. 人们对佤族传统体育的认识不到位

随着科学技术水平的不断提高，人们对传统体育文化存在误解，认为这些传统体育文化是过时的、陈旧的、封建的，以至于现在多数佤族年轻人追求时尚，而且外界人对佤族传统体育文化的内涵缺乏认识，认为其价值低。所以，人们很少接触佤族传统体育，对佤族传统体育的认识不到位，从而制约了佤族传统体育的传承与发展。表 3-3 为佤族体育旅游的 SWOT 分析。

表 3-3　佤族体育旅游的 SWOT 分析

外部分析	内部分析	
	优势	劣势
	①自然环境资源独特；②佤族传统体育资源优势	①体育项目发展参差不齐；②政府扶持力度不够；③参与人群大量流失；④部分项目没有相对严谨明确的比赛规则
机遇	优势与机遇的应对措施	劣势与机遇的应对措施
①学术研究带来了旅游聚焦效应；②与国家政策相契合；③临沧市基础设施建设提供了强劲动力	①抓住国家政策机遇，做好规划，促进发展；②积极参与学术研究，大力宣传；③借助佤族文化较强的表现力，突出差异，吸引目光	①体育项目均衡发展，加强宣传力度；②给予扶持，为发展助力；③明确规定比赛规则并有专门解说系统来加以解释
威胁	优势与威胁的应对措施	劣势与威胁的应对措施
①宣传推广的制约；②西方体育文化的冲击；③政府支持力度不够，部分佤族体育项目失传；④人们对佤族传统体育的认识不到位	①保持资源的原真性；②突出本土体育旅游的特色；③加大宣传力度，使游客更加了解佤族的传统体育项目	①在保护性原则下，保持佤族文化的原真性；②政府加大投入，保护那些濒临消失的传统体育项目

四、彝族体育旅游资源产品化开发的 SWOT 分析

彝族分布较广，主要分布在云南省楚雄州和红河州，本书对彝族体育旅游资源产品化开发的 SWOT 分析主要以楚雄州为例。

（一）彝族体育旅游资源产品化开发的优势分析

1. 自然环境资源优势

彝族是一个有着悠久历史和丰富文化的民族，长期生活在山区，对当地的自

然生态环境有着深刻的认识，尊重、适应和利用自然是彝族人民生存的准则，良好的生态环境、优质的自然资源和旅游开发背景为该地区民族体育旅游市场开发提供了优越的条件和良好的载体。

2. 体育文化资源优势

彝族在长期的生产和生活实践中孕育了丰富多彩的民俗文化，同时也创造了很多独具特色的民族传统体育活动。摔跤、斗牛、射弩等体育活动都是彝族体育文化的精髓。撒尼大三弦比赛已经作为国家级非物质文化遗产受到保护和传承。斗牛比赛与摔跤比赛具有相当高的体育旅游资源开发价值，在火把节期间进行了重点宣传和市场开发。在民俗民间文化艺术方面，石林县的《阿诗玛》最具代表性和影响力。彝族独特的语言文字、内涵丰富的诗文传说、斑斓绚丽的民族服饰、火热豪放的民族歌舞、古朴粗犷的摔跤竞技及风格奇特的婚丧嫁娶都颇具彝族撒尼文化的韵味，能够激发游客探索民族文化的兴趣，这些民俗文化资源都有利于彝族体育旅游的发展。

3. 基础设施建设

楚雄州的交通状况相对来讲比较有优势，距离云南省会昆明较近，加之楚雄州路网、航空网、能源保障网、水网、互联网五大基础设施网络的"五网"建设，提高了彝族地区的可达度，为彝族地区体育旅游的发展打下了重要的基础。

（二）彝族体育旅游资源产品化开发的劣势分析

1. 彝族多生活于山区，社会经济条件薄弱

彝族居住的高寒地带山多土少，农作物广种薄收现象普遍，经济发展的受限使得政府部门无暇顾及当地体育旅游业的发展，体育旅游引资方面也无法与其他发达地区和沿海城市相提并论。经济发展落后的直接结果是教育投入严重不足，人才外流现象突出，某些地区的学校软硬件条件不达标，教师的数量与质量甚至无法满足学校正常的教学需要。可以说，经济发展的严重滞后是体育旅游资源开发的基础障碍和制约因素。

2. 人们对彝族体育旅游的认知度较低

体育旅游是一种新兴的体育与旅游相结合的体育产业，政府部门未能真正认识到它重要的经济价值与社会价值，在宣传力度上明显不够，导致很多游客对体育旅游一无所知，更不用说彝族体育旅游了。游客对彝族体育旅游的认知度之低

让人咂舌，虽然彝族分布区蕴藏了丰富的体育旅游资源，但有关部门的宣传力度和对体育旅游市场的开发力度远远不够。

3. 开发体育旅游的专业人才缺乏

开发体育旅游的专业人才需要既懂得体育旅游市场研发与管理，又熟悉旅游业和体育业。要开发高水平的体育旅游产品，就需要相应的人才。尽管体育旅游市场具有巨大潜力，却无奈于缺乏相应的人才，这极大地影响了彝族地区体育旅游市场的开发，影响了彝族体育文化的对外传播和传承。

（三）彝族体育旅游资源产品化开发的机遇分析

1. 西部大开发的层层深化使得政府部门对体育旅游日趋重视

随着西部大开发提供的政策保证，人们的物质生活逐渐富足，休闲娱乐生活逐渐丰富，对民族体育旅游的热情逐渐被激发，彝族体育旅游产品的开发也会越来越好。

2. 云南彝族聚居区楚雄州的"五网"建设

云南省围绕主动服务和融入国家"一带一路"建设、加快建设面向南亚东南亚辐射中心，着力打造路网、航空网、能源保障网、水网、互联网五大基础设施网络，进一步释放"面向三亚、肩挑两洋、通江达海"的区位优势。楚雄州作为滇中经济区的重要一员，在《楚雄彝族自治州国民经济和社会发展第十三个五年规划纲要（草案）》中明确指出，"十三五"规划期间，要抢抓省委、省政府实施"五网"建设五年大会战的机遇，坚定不移地打好以"五网"为重点的基础设施建设攻坚战。这为彝族体育旅游的发展打下了坚实的基础。

3. 彝学研究是彝族体育旅游开发的重要科研保证

彝学作为一门独立学科，在国际上已有上百年的学术史，彝学研究成果丰厚，涌现出了大量彝学重大课题，这些科研课题的立项为我们深刻地把握彝族的历史与现状奠定了坚实的基础，也为彝族体育旅游开发提供了理论支撑。

（四）彝族体育旅游资源产品化开发的威胁分析

虽然有西部大开发的政策保驾护航，但彝族体育旅游的发展仍然面临来自外部环境的极大挑战。环境污染的威胁、西方体育文化的冲击使得很多原本产生于农耕文明基础上的我国民族传统体育文化形态正在迅速消逝、变异，彝族体育文化同样不能幸免。很多彝族体育项目已经失传和濒临灭亡。现存的彝族体育项目大都只在节日庆典、祭祀上展示，在日常生活中，年轻人更多地喜好现代体育。表 3-4 为彝族体育旅游的 SWOT 分析。

表 3-4 彝族体育旅游的 SWOT 分析

外部分析	内部分析	
	优势	劣势
	①自然环境资源优势；②体育文化资源优势；③基础设施建设	①彝族多生活于山区，社会经济条件薄弱；②人们对彝族体育旅游的认知度较低；③开发体育旅游的专业人才缺乏
机遇	优势与机遇的应对措施	劣势与机遇的应对措施
①西部大开发的层层深化使得政府部门对体育旅游日趋重视；②云南彝族聚居区楚雄州的"五网"建设；③彝学研究是彝族体育旅游开发的重要科研保证	①抓住机遇谋发展；②争取举办重大体育项目的机会，提升知名度；③为学术研究提供便利，使人们对本地区有更为深刻的认识，为旅游的发展提供便利	①借助国家的政策，发展经济，提升旅游对国民经济的贡献率；②加大宣传投入，提升大家的认知度；③注重培养专门的体育旅游人才
威胁	优势与威胁的应对措施	劣势与威胁的应对措施
①环境污染的威胁；②西方体育文化的冲击	①变压力为动力，努力提升产品的吸引力；②坚持保护性开发的原则，坚持环境效益、经济效益和社会效益的统一；③找寻人们的兴趣点，吸引眼球	①发展经济，发掘本民族体育旅游的亮点；②保护生态环境，提升认知度；③培养专门的体育旅游人才，提升产品的竞争力

第二节 云南少数民族体育旅游资源产品化开发评价指标体系

一、系统分析与评价的理论基础

（一）层次分析法

层次分析法由美国著名运筹学家萨蒂（T. L. Saaty）于 1977 年提出①，它综合了人们的主观判断，是一种简明、实用的定性分析与定量分析相结合的系统分析与评价方法。目前，该方法在国内外已经被广泛应用于能源问题分析、科技成果

---

① Saaty T L. 1977. A scaling method for priorities in hierarchical structures. Journal of Mathematical Psychology, 15（3）：234-281.

评比、地区经济发展方案比较，尤其是投入产出分析、资源分配、方案选择及评价等方面。它既是一种系统分析的方法，也是一种新的、简洁的、实用的决策方法。

1. 层次分析法的基本原理

人们在日常生活中经常要从一堆同样大小的物品中挑选出最重的物品，一般是利用两两比较的方法来达到目的。假设有 n 个物品，其真实重量用 $w_1, w_2, \cdots, w_n$ 表示。要想知道 $w_1, w_2, \cdots, w_n$ 的值，最简单的方法就是用秤称出它们的重量，但如果没有秤，则可以将几个物品进行两两比较，得到它们的重量比矩阵 A：

$$A = \begin{bmatrix} w_1/w_1 & w_1/w_2 & \cdots & w_1/w_n \\ w_2/w_1 & w_2/w_2 & \cdots & w_2/w_n \\ \vdots & \vdots & \vdots & \vdots \\ w_n/w_1 & w_n/w_2 & \cdots & w_n/w_n \end{bmatrix} \tag{3-1}$$

如果用物品重量向量 $W = [w_1, w_2, \cdots, w_n]^T$ 右乘矩阵 A，则有

$$AW = \begin{bmatrix} w_1/w_1 & w_1/w_2 & \cdots & w_1/w_n \\ w_2/w_1 & w_2/w_2 & \cdots & w_2/w_n \\ \vdots & \vdots & \vdots & \vdots \\ w_n/w_1 & w_n/w_2 & \cdots & w_n/w_n \end{bmatrix} \begin{bmatrix} w_1 \\ w_2 \\ \vdots \\ w_n \end{bmatrix} = n \begin{bmatrix} w_1 \\ w_2 \\ \vdots \\ w_n \end{bmatrix} = nW \tag{3-2}$$

由数学理论可知，式（3-2）中，n 是 A 的特征值，W 是 A 的特征向量。根据矩阵理论，n 是矩阵 A 的唯一非零解，也是最大的特征值。这就提示我们，可以利用求物品重量比判断矩阵特征向量的方法，求得物品真实的重量向量 W，从而确定最重的物品。

若上述 n 个物品代表 n 个指标（要素），则物品的重量向量就表示各指标（要素）的相对重要性向量，即权重向量；通过两两因素的比较，建立判断矩阵，再求出其特征向量，就可以确定哪个因素最重要。依此类推，如果 n 个物品代表 n 个方案，按照这种方法，就可以确定哪个方案最有价值。

2. 应用层次分析法进行系统评价的主要步骤

1）将复杂问题所涉及的因素分成若干层次，建立多级递阶的层次结构模型（目标层、判断层、方案层等）。

2）标度及描述。同一层次中任意两因素进行重要性比较时，对它们的重要性

之比做出判断，并给予量化。

3）对同一层次的各要素以上一级的要素为准则进行两两比较，根据评价尺度确定其相对重要度，据此构建判断矩阵 A。

4）计算判断矩阵的特征向量，以此确定各层要素的相对重要度（权重）。

5）最后通过综合重要度（权重）的计算，按照最大权重原则，确定最优方案。

3. 用层次分析法判断矩阵构建与检验

例如，如果购买一台满意的设备，w_1 为功能强，w_2 为价格低，w_3 为维修容易，通过对 w_1、w_2 和 w_3 进行两两比较后做出的判断矩阵 A 为

$$A = \begin{bmatrix} 1 & 1/3 & 2 \\ 3 & 1 & 5 \\ 1/2 & 1/5 & 1 \end{bmatrix} \tag{3-3}$$

若所构建的判断矩阵 $A = (a_{ij})_{n \times n}$ 满足 $a_{ij} = a_{ik} / a_{jk}$，则该判断矩阵 A 满足数学上所谓的完全一致性。

在实际问题研究中，一次就能构造出满足一致性要求的判断矩阵是不容易实现的，需要对判断矩阵进行多次修正才能达到一致性要求，对于层次因素较多的情况更是如此。在实际操作中，若 $AW = \lambda_{max} W$，λ_{max} 为特征向量 W 与所构建的矩阵 A 相对应的最大特征值。首先，利用公式 $CI = (\lambda_{max} - n) / (n - 1)$ 计算一致性参数 CI，从表 3-5 中查询获取平均随机一致性指标（RI）值；其次，利用公式 $CR = CI / RI$ 获得一致性比值 CR；最后，进行相关数据的一致性判断，当一致性比值 CR 满足 $CR < 0.1$ 时，即可认为所构建的矩阵 A 满足一致性条件。因此，当专家给出的判断矩阵不满足一致性条件时，可通过再次征询专家意见的方式，对判断矩阵元素进行调整，最终实现判断矩阵达到满意的一致性。λ_{max} 所对应的归一化特征向量 $W = [w_1, w_2, \cdots, w_n]$ 的分量 w_i 便是相应指标单排序所对应的权重。

表 3-5　不同阶数对应的 RI

项目	阶数（n）								
	1	2	3	4	5	6	7	8	9
RI	0	0	0.52	0.89	1.12	1.26	1.36	1.41	1.46

资料来源：焦树锋. 2006. AHP 法中平均随机一致性指标的算法及 MATLAB 实现. 太原师范学院学报（自然科学版），5（4）：45-47

（二）德尔菲法

德尔菲法是在 20 世纪 40 年代由赫尔默（Helmer）和戈登（Gordon）首创的，后由美国兰德（Rond）公司完善发展而成。兰德公司于 1946 年把这种方法用于技术预测，借用古希腊传说中能预卜未来的神谕之地德尔菲来命名。近十几年来，德尔菲法已成为一种广为适用的预测方法，广泛运用于其他行业和领域之中。德尔菲法的具体步骤如下：①组成专家小组。根据课题所需要的知识范围，确定专家；专家人数的多少，可根据项目的大小和涉及面的宽窄而定，笔者在本次研究中邀请了 12 位旅游学、民族学、民族传统体育学等领域的专家。②向所有咨询专家提出所要评价的问题及有关要求，并附上有关这个问题的所有背景材料，同时请专家提出还需要补充什么材料，然后由专家做书面答复。③专家根据所收到的材料，提出自己的预测或评价意见，并说明自己是怎样利用这些材料的。④将各位专家的第一次判断意见汇总，并进行对比分析，再分发给各位专家，让专家比较自己与他人的不同意见，修改自己的意见和判断。这一过程重复进行，直到每一个专家不再改变自己的意见为止，一般要经过 2～3 轮。⑤对专家的意见进行综合处理。

二、评价指标体系的内容和设计

（一）评价指标体系的内容

云南少数民族体育旅游资源产品化开发的评价过程包括四个步骤，即评价背景材料、评价目标、评价结构和确定开发范式，具体流程和评价内容如图 3-1 所示。

（二）评价指标体系的设计

1）依据《旅游资源分类、调查与评价》（GB/T18972—2003），综合利用国内外文献中所报道的相关理论研究成果和实践成果，形成少数民族体育旅游资源评价指标体系基本架构。

2）基于云南少数民族体育旅游资源这一对象，进行全面且深入的调查，充分

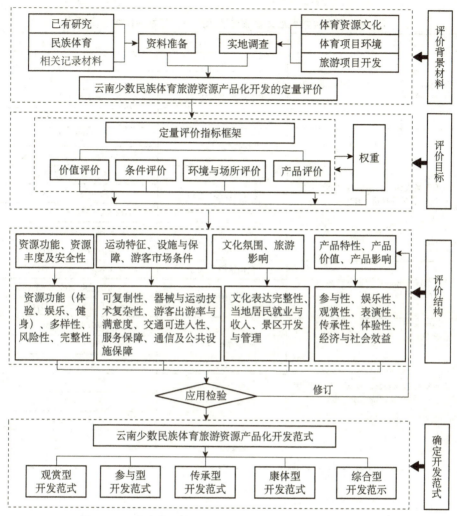

图 3-1　云南少数民族体育旅游资源产品化开发的评价内容

参考当地少数民族体育旅游资源的特点，对评估指标体系的雏形进行修订。

3）运用德尔菲法，咨询了民族学、旅游学和民族传统体育学领域的 12 位专家，经过两轮专家调查，调整修正并完善评价指标体系，得到了一套较为全面完整的云南少数民族体育旅游资源产品化开发评价指标体系。评价指标体系共包括评价综合层（B）的 4 个一级指标、评价项目层（C）的 10 个二级指标和评价因子层（D）的 22 个三级指标（表 3-6）。

表 3-6　云南少数民族体育旅游资源产品化开发评价指标体系

评价综合层（B）	评价项目层（C）	评价因子层（D）
云南少数民族体育旅游资源产品化开发的价值评价（B1）	资源功能（C1）	资源功能（D1）
	资源丰度及安全性（C2）	多样性（D2）
		完整性（D3）
		风险性（D4）
云南少数民族体育旅游资源产品化开发的条件评价（B2）	运动特征（C3）	可复制性（D5）
		器械与运动技术复杂性（D6）
	设施与保障（C4）	服务保障（D7）
		交通可进入性（D8）
		通信及公共设施保障（D9）
	游客市场条件（C5）	游客出游率（D10）
		游客满意度（D11）
云南少数民族体育旅游资源产品化开发的环境与场所评价（B3）	文化氛围（C6）	文化表达完整性（D12）
	旅游影响（C7）	当地居民就业与收入（D13）
		景区开发与管理（D14）
云南少数民族体育旅游资源产品化开发的产品评价（B4）	产品特性（C8）	参与性（D15）
		表演性（D16）
		传承性（D17）
	产品价值（C9）	娱乐性（D18）
		观赏性（D19）
		体验性（D20）
	产品影响（C10）	经济效益（D21）
		社会效益（D22）

第三节　云南少数民族体育旅游资源产品化开发的定量评价

一、评价指标体系的构建方法

（一）计算定量评价指标权重

计算定量评价指标权重的基本规程如下：①邀请相关专家构建判断矩阵 A；

②层次单排序；③用求和法或求根法计算出特征值；④求特征向量 W 对应的最大特征值 λ_{max}；⑤进行一致性检验；⑥层次总排序。

（二）确定各评价指标的权重

要获取判断矩阵数据，首先依据已经确定的各评价指标层次结构间的相互关系设置同一层级指标两两判断相对重要性调查表格（见附录）。本次研究邀请了民族学、旅游学、民族传统体育学等领域的 12 名专家对调查表格进行填写，共发放 12 份调查问卷，有效问卷 12 份，将调查表格分别进行处理，构建出专家对应的判断矩阵表，并检验判断矩阵的一致性。对于未通过一致性检验的判断矩阵，将调查问卷返回专家进行调整，直到通过一致性检验为止，这即为同一层次中相应评价指标的权重，经过层次总排序，即可求得各个评价指标在总目标层中的权重，结果见表 3-7 至表 3-19。为简化表格，表 3-7 至表 3-19 使用 B1～B4、C1～C10、D1～D22 代表各个指标，其具体含义见表 3-6。

表 3-7　评价指标判断矩阵 **A-B**

A	B1	B2	B3	B4	权重（w_i）	一致性检验
B1	1	4/3	2	5/6	0.2899	$\lambda_{max}=4$，$CR=0$，通过检验
B2	3/4	1	3/2	15/24	0.2174	
B3	1/2	2/3	1	5/12	0.1449	
B4	6/5	24/15	12/5	1	0.3478	

表 3-8　评价指标判断矩阵 **B1-C**

B1	C1	C2	权重（w_i）	一致性检验
C1	1	10/7	0.5882	$\lambda_{max}=2$，$CR=0$，通过检验
C2	7/10	1	0.4118	

表 3-9　评价指标判断矩阵 **B2-C**

B2	C3	C4	C5	权重（w_i）	一致性检验
C3	1	6/5	5/6	0.3297	$\lambda_{max}=3$，$CR=0$，通过检验
C4	5/6	1	25/36	0.2747	
C5	6/5	36/25	1	0.3956	

表 3-10　评价指标判断矩阵 B3-C

B3	C6	C7	权重（w_i）	一致性检验
C6	1	4/3	0.5714	$\lambda_{max}=2$，$CR=0$，通过检验
C7	3/4	1	0.4286	

表 3-11　评价指标判断矩阵 B4-C

B4	C8	C9	C10	权重（w_i）	一致性检验
C8	1	4/3	5/4	0.3922	$\lambda_{max}=3$，$CR=0$，通过检验
C9	3/4	1	15/16	0.2941	
C10	4/5	16/15	1	0.3137	

表 3-12　评价指标判断矩阵 C2-D

C2	D2	D3	D4	权重（w_i）	一致性检验
D2	1	2/3	5/6	0.2703	$\lambda_{max}=3$，$CR=0$，通过检验
D3	3/2	1	15/12	0.4054	
D4	6/5	12/15	1	0.3243	

表 3-13　评价指标判断矩阵 C3-D

C3	D5	D6	权重（w_i）	一致性检验
D5	1	3/2	0.6000	$\lambda_{max}=2$，$CR=0$，通过检验
D6	2/3	1	0.4000	

表 3-14　评价指标判断矩阵 C4-D

C4	D7	D8	D9	权重（w_i）	一致性检验
D7	1	7/8	3/4	0.2877	$\lambda_{max}=3$，$CR=0$，通过检验
D8	8/7	1	24/28	0.3288	
D9	4/3	28/24	1	0.3835	

表 3-15　评价指标判断矩阵 C5-D

C5	D10	D11	权重（w_i）	一致性检验
D10	1	3/5	0.3750	$\lambda_{max}=2$，$CR=0$，通过检验
D11	5/3	1	0.6250	

表 3-16　评价指标判断矩阵 C7-D

C7	D13	D14	权重（w_i）	一致性检验
D13	1	4/9	0.3077	$\lambda_{max}=2$，$CR=0$，通过检验
D14	9/4	1	0.6923	

表 3-17　评价指标判断矩阵 C8-D

C8	D15	D16	D17	权重（w_i）	一致性检验
D15	1	1/2	1/4	0.1429	
D16	2	1	1/2	0.2857	$\lambda_{max}=3$，$CR=0$，通过检验
D17	4	2	1	0.5714	

表 3-18　评价指标判断矩阵 C9-D

C9	D18	D19	D20	权重（w_i）	一致性检验
D18	1	10/9	10/13	0.3125	
D19	9/10	1	9/13	0.2813	$\lambda_{max}=3$，$CR=0$，通过检验
D20	13/10	13/9	1	0.4062	

表 3-19　评价指标判断矩阵 C10-D

C10	D21	D22	权重（w_i）	一致性检验
D21	1	10/7	0.5882	$\lambda_{max}=2$，$CR=0$，通过检验
D22	7/10	1	0.4118	

　　从表 3-7 至表 3-19 可以看出，最终所获得的各评价指标判断矩阵的 CR 值均小于 0.1，因此判断矩阵的一致性较好，符合一致性检验要求，权重确定值有效。将表 3-7 至表 3-19 的权重值整理汇入表 3-6，即可获得同一层次中相应评价指标的层次单排列权重表（表 3-20）和层次总排序归一化权重表（表 3-21）。

表 3-20　云南少数民族体育旅游资源产品化开发评价指标体系层次单排列权重表

评价综合层（B）	权重（w_i）	评价项目层（C）	权重（w_i）	评价因子层（D）	权重（w_i）
云南少数民族体育旅游资源产品化开发的价值评价（B1）	0.2899	资源功能（C1）	0.5882	资源功能（D1）	1
		资源丰度及安全性（C2）	0.4118	多样性（D2）	0.2703
				完整性（D3）	0.4054
				风险性（D4）	0.3243

续表

评价综合层（B）	权重（w_i）	评价项目层（C）	权重（w_i）	评价因子层（D）	权重（w_i）
云南少数民族体育旅游资源产品化开发的条件评价（B2）	0.2174	运动特征（C3）	0.3297	可复制性（D5）	0.6000
				器械与运动技术复杂性（D6）	0.4000
		设施与保障（C4）	0.2747	服务保障（D7）	0.2877
				交通可进入性（D8）	0.3288
				通信及公共设施保障（D9）	0.3835
		游客市场条件（C5）	0.3956	游客出游率（D10）	0.3750
				游客满意度（D11）	0.6250
云南少数民族体育旅游资源产品化开发的环境与场所评价（B3）	0.1449	文化氛围（C6）	0.5714	文化表达完整性（D12）	1
		旅游影响（C7）	0.4286	当地居民就业与收入（D13）	0.3077
				景区开发与管理（D14）	0.6923
云南少数民族体育旅游资源产品化开发的产品评价（B4）	0.3478	产品特性（C8）	0.3922	参与性（D15）	0.1429
				表演性（D16）	0.2857
				传承性（D17）	0.5714
		产品价值（C9）	0.2941	娱乐性（D18）	0.3125
				观赏性（D19）	0.2813
				体验性（D20）	0.4062
		产品影响（C10）	0.3137	经济效益（D21）	0.5882
				社会效益（D22）	0.4118

表 3-21　云南少数民族体育旅游资源产品化开发评价指标体系层次总排序归一化权重表

评价综合层（B）	权重（w_i）	评价项目层（C）	权重（w_i）	评价因子层（D）	权重（w_i）
云南少数民族体育旅游资源产品化开发的价值评价（B1）	0.2899	资源功能（C1）	0.1705	资源功能（D1）	0.1705
		资源丰度及安全性（C2）	0.1194	多样性（D2）	0.0323
				完整性（D3）	0.0484
				风险性（D4）	0.0387
云南少数民族体育旅游资源产品化开发的条件评价（B2）	0.2174	运动特征（C3）	0.0717	可复制性（D5）	0.0430
				器械与运动技术复杂性（D6）	0.0287
		设施与保障（C4）	0.0597	服务保障（D7）	0.0172
				交通可进入性（D8）	0.0196

评价综合层（B）	权重（w_i）	评价项目层（C）	权重（w_i）	评价因子层（D）	权重（w_i）
云南少数民族体育旅游资源产品化开发的条件评价（B2）	0.2174	设施与保障（C4）	0.0597	通信及公共设施保障（D9）	0.0229
		游客市场条件（C5）	0.0860	游客出游率（D10）	0.0323
				游客满意度（D11）	0.0537
云南少数民族体育旅游资源产品化开发的环境与场所评价（B3）	0.1449	文化氛围（C6）	0.0828	文化表达完整性（D12）	0.0828
		旅游影响（C7）	0.0621	当地居民就业与收入（D13）	0.0191
				景区开发与管理（D14）	0.0430
云南少数民族体育旅游资源产品化开发的产品评价（B4）	0.3478	产品特性（C8）	0.1364	参与性（D15）	0.0195
				表演性（D16）	0.0390
				传承性（D17）	0.0779
		产品价值（C9）	0.1023	娱乐性（D18）	0.0320
				观赏性（D19）	0.0287
				体验性（D20）	0.0416
		产品影响（C10）	0.1091	经济效益（D21）	0.0642
				社会效益（D22）	0.0449

二、定量评价的基本程序

（一）赋分方法

采用模糊数学 10 分制记分法，以云南少数民族体育旅游资源为对象，对其展开相应的模糊定量评价。为获取参考评价因子施加于体育旅游资源利用的具体影响程度，首先将各个评价指标进行有机划分，使其成为五大细分等级，依次是极高（优）、高（良）、中、低（差）、极低（劣），在此基础上对各个等级赋予不间断的实数区间以实现对指标分值相应变化的准确表示：一级的区间为 [10, 8)；二级的区间为 [8, 6)；三级的区间为 [6, 4)；四级的区间为 [4, 2)；五级的区间为 [2, 0)。云南少数民族体育旅游资源产品化开发评价指标模糊赋分表见表 3-22。

表 3-22　云南少数民族体育旅游资源产品化开发评价指标模糊赋分表

一级指标	二级指标	三级指标	评价标准					请填写评分
			[10, 8)	[8, 6)	[6, 4)	[4, 2)	[2, 0)	
云南少数民族体育旅游资源产品化开发的价值评价（B1）	资源功能（C1）	资源功能（D1）	极高	高	中	低	极低	
	资源丰度及安全性（C2）	多样性（D2）	极高	高	中	低	极低	
		完整性（D3）	极高	高	中	低	极低	
		风险性（D4）	极高	高	中	低	极低	
云南少数民族体育旅游资源产品化开发的条件评价（B2）	运动特征（C3）	可复制性（D5）	极高	高	中	低	极低	
		器械与运动技术复杂性（D6）	极高	高	中	低	极低	
	设施与保障（C4）	服务保障（D7）	极高	高	中	低	极低	
		交通可进入性（D8）	极高	高	中	低	极低	
		通信及公共设施保障（D9）	极高	高	中	低	极低	
	游客市场条件（C5）	游客出游率（D10）	优	良	中	差	劣	
		游客满意度（D11）	优	良	中	差	劣	
云南少数民族体育旅游资源产品化开发的环境与场所评价（B3）	文化氛围（C6）	文化表达完整性（D12）	优	良	中	差	劣	
	旅游影响（C7）	当地居民就业与收入（D13）	优	良	中	差	劣	
		景区开发与管理（D14）	优	良	中	差	劣	
云南少数民族体育旅游资源产品化开发的产品评价（B4）	产品特性（C8）	参与性（D15）	极高	高	中	低	极低	
		表演性（D16）	极高	高	中	低	极低	
		传承性（D17）	极高	高	中	低	极低	
	产品价值（C9）	娱乐性（D18）	极高	高	中	低	极低	
		观赏性（D19）	极高	高	中	低	极低	
		体验性（D20）	极高	高	中	低	极低	

一级指标	二级指标	三级指标	评价标准					请填写评分
			[10，8)	[8，6)	[6，4)	[4，2)	[2，0)	
云南少数民族体育旅游资源产品化开发的产品评价（B4）	产品影响（C10）	经济效益（D21）	极高	高	中	低	极低	
		社会效益（D22）	极高	高	中	低	极低	

（二）云南少数民族体育旅游资源评价等级划分

根据《旅游资源分类、调查与评价》（GB/T18972—2003），以云南少数民族体育旅游资源产品化开发为对象，根据旅游资源与体育旅游资源的关联性，参照其评价等级所对应的划分标准进行评价，笔者确定基本标准如下：①五级，得分值≥9分，即"特品级体育旅游资源"；②四级，得分值为7.5～8.99分，即"优良级体育旅游资源"；③三级，得分值为6.0～7.49分，即"优良级体育旅游资源"；④二级，得分值为4.5～5.99分，即"普通级体育旅游资源"；⑤一级，得分值为3.0～4.49分，即"普通级体育旅游资源"；⑥当其得分值<3.0分时，则定性为"未获等级"。

（三）数据来源

本次研究采用问卷调查的方法获取云南少数民族体育旅游资源模糊赋分值，向熟悉云南少数民族体育旅游资源的云南师范大学的教师和学生，以及西双版纳中缅第一寨勐景来景区的游客共发放问卷150份，共回收145份，回收率为96.7%，有效问卷为142份，有效率为97.9%。

三、云南少数民族体育旅游资源产品化开发评价结果

（一）评价分值计算公式

计算云南少数民族体育旅游资源产品化开发评价分值的公式如下：

$$P_j = \sum_{i=1}^{N_j} w_i b_{ji} \qquad (3\text{-}4)$$

式中，P_j 是第 j 个评价项目的综合评分值（或评价结果），w_i 是第 j 个评价项目的

第 i 个评价指标所对应的权重（表 3-21），b_{ji} 是第 j 个评价项目的第 i 个评价指标所对应的评价值，N_j 是第 j 个评价项目的评价指标数目。

（二）综合评分值

综合评分值的满分为 10 分，利用全部评价者对云南少数民族体育旅游资源各项评价指标所给出的评分，以加权平均的方式计算出每一项指标的算术平均数；再利用式（3-4），即可得到所评价项目的综合评分值。云南少数民族体育旅游资源产品化开发的定量评价结果见表 3-23。

表 3-23　云南少数民族体育旅游资源产品化开发的定量评价结果

评价综合层（B）	综合评分值	评价项目层（C）	综合评分值	评价因子层（D）	平均赋分值	评分值
云南少数民族体育旅游资源产品化开发的价值评价（B1）	2.4368	资源功能（C1）	1.5451	资源功能（D1）	9.0621	1.5451
		资源丰度及安全性（C2）	0.8917	多样性（D2）	8.3135	0.2685
				完整性（D3）	7.4357	0.3699
				风险性（D4）	6.5461	0.2533
云南少数民族体育旅游资源产品化开发的条件评价（B2）	1.5873	运动特征（C3）	0.4967	可复制性（D5）	6.7942	0.2922
				器械与运动技术复杂性（D6）	7.1254	0.2045
		设施与保障（C4）	0.3837	服务保障（D7）	6.4326	0.1106
				交通可进入性（D8）	6.4314	0.1261
				通信及公共设施保障（D9）	6.4201	0.1470
		游客市场条件（C5）	0.7069	游客出游率（D10）	8.2132	0.2653
				游客满意度（D11）	8.2235	0.4416
云南少数民族体育旅游资源产品化开发的环境与场所评价（B3）	1.1329	文化氛围（C6）	0.6715	文化表达完整性（D12）	8.1105	0.6715
		旅游影响（C7）	0.4614	当地居民就业与收入（D13）	7.1302	0.1362
				景区开发与管理（D14）	7.5617	0.3252
云南少数民族体育旅游资源产品化开发的产品评价（B4）	2.8089	产品特性（C8）	1.1132	参与性（D15）	6.5913	0.1285
				表演性（D16）	8.0612	0.3144
				传承性（D17）	8.6305	0.6703

续表

评价综合层（B）	综合评分值	评价项目层（C）	综合评分值	评价因子层（D）	平均赋分值	评分值
云南少数民族体育旅游资源产品化开发的产品评价（B4）	2.8089	产品价值（C9）	0.8089	娱乐性（D18）	7.9032	0.2529
				观赏性（D19）	7.9232	0.2274
				体验性（D20）	7.8991	0.3286
		产品影响（C10）	0.8868	经济效益（D21）	8.1651	0.5242
				社会效益（D22）	8.0751	0.3626
综合评价结果：7.9659						

（三）评价结果分析

由表 3-23 可知，云南少数民族体育旅游资源所对应的综合评价结果为 7.9659，参照《旅游资源分类、调查与评价》（GB/T18972—2003）给出的资源等级划分标准，确定云南少数民族体育旅游资源为四级（优良级）体育旅游资源。由表 3-21 可知，云南少数民族体育旅游资源产品化开发的价值评价的权重为 0.2899，云南少数民族体育旅游资源产品化开发的条件评价的权重为 0.2174，云南少数民族体育旅游资源产品化开发的环境与场所评价的权重为 0.1449，云南少数民族体育旅游资源产品化开发的产品评价的权重为 0.3478。这说明云南少数民族体育旅游资源产品化开发的产品评价和云南少数民族体育旅游资源产品化开发的价值评价是开发价值得以实现的基础，也是影响云南少数民族体育旅游资源开发的最重要的两个因素。

从平均赋分值来看，云南少数民族体育旅游资源产品化开发的价值评价中资源功能（平均赋分值 9.0621）和多样性（平均赋分值 8.3135）都比较高，说明云南少数民族体育旅游资源自身的价值和丰度比较高。与多样性（平均赋分值 8.3135）相比，完整性（平均赋分值 7.4357）评分值相对较低，说明云南少数民族体育旅游资源种类极其丰富，但是保存完整、未受汉化的少数民族体育旅游资源不多，故需要深入挖掘，在旅游资源产品化的过程中保护和传承。

云南少数民族体育旅游资源产品化开发的条件评价中游客满意度的平均赋分值相对较高，达到 8.2235，数据显示，游客对云南少数民族体育旅游资源比较感兴趣，对西双版纳等地的旅游景区的满意度比较高。

云南少数民族体育旅游资源产品化开发的产品评价中的传承性（平均赋分值 8.6305）、表演性（平均赋分值 8.0612）、经济效益（平均赋分值 8.1651）三项值均相对较高，表明云南少数民族体育旅游资源具有极高的产品特性、产品价值和产品影响效益。但是，其在设施与保障方面相对较弱，服务保障（平均赋分值 6.4326）、交通可进入性（平均赋分值 6.4314）和通信及公共设施保障（平均赋分值 6.4201）三项值都相对较低，成为阻碍云南少数民族体育旅游资源有效开发的重要原因。

云南少数民族体育旅游资源产品化开发的价值评价主要包含资源功能、多样性、完整性和风险性，其中资源功能的权重最高，为 0.1705，说明在社会快速发展、生活节奏紧张的大环境下，体育旅游的健身娱乐体验价值越来越被人们需要和重视。然而，产品评价中产品的参与性（平均赋分值 6.5913）较低，说明云南少数民族体育旅游资源还未得到较好的开发，游客参与体验的程度较低，更多的少数民族体育旅游项目以当地少数民族为主体进行表演。

在云南少数民族体育旅游资源产品化开发的产品评价中，经济效益的归一化权重（0.0642）仅次于传承性的归一化权重（0.0779），说明经济效益是影响体育旅游资源产品化开发价值的主要因素，也是云南少数民族体育旅游产品市场化、持续健康发展的重要条件；社会效益的归一化权重也比较高，为 0.0449，说明云南依托其独有的、丰富的少数民族体育旅游资源和良好的客源市场条件，可以带动云南体育旅游业、酒店服务业等产业的发展，产生良好的经济效益，在提高社会文明程度、促进当地就业的同时，有效促进云南经济的发展。

在云南少数民族体育旅游资源产品化开发的条件评价中，游客市场条件的归一化权重也比较高（0.0860），说明游客市场条件是影响体育旅游资源产品化开发的关键因素，游客市场条件会影响云南少数民族体育旅游资源开发的经济效益，从而影响体育旅游资源的开发价值，其综合评分值为 0.7069，在条件评价因素中占比最高。云南作为国内外著名的旅游胜地，每年都有很多游客慕名而来，具有极其庞大的游客市场空间。

此外，服务保障（评分值 0.1106）、交通可进入性（评分值 0.1261）和通信及公共设施保障（评分值 0.1470）在评价因子层 22 个指标中处于分值较低位置，说明云南少数民族体育旅游所对应的配套设施体系尚未较好地建立起来，无法满足当前需要以及未来发展的需求，开发云南少数民族体育旅游资源首先需要提升云南的配套设施服务能力，以基础设施为对象加以有机整合，在构建和完善交通网络的同时，积极培养具有较高水平的专业人才，提升云南的交通可进入性、通信水平及公共设施保障水平。

第四章

云南少数民族体育旅游开发模式研究

　　将云南少数民族体育项目与旅游产业融合，不仅可以使少数民族文化资源得以保存、保护、传承，而且可以将资源进行产品化转化，促进少数民族地区经济的发展。体育业和旅游业融合所形成的体育旅游产业对服务业的发展具有重要的经济社会价值[①]。本章将梳理 1997—2017 年国内对少数民族体育旅游和云南少数民族体育旅游的相关研究成果，对云南少数民族体育旅游开发模式的特征进行分析，据此构建云南少数民族体育旅游开发模式。

第一节　少数民族体育旅游研究的发展历程

　　国外体育旅游的发展与近代旅游业的出现基本上是同步的，体育和旅游的结合已经走过了 100 多年的历史，但直到 20 世纪中后期，体育旅游才真正形成潮流，获得快速发展。民族体育旅游作为现代体育旅游产品体系中的一个重要组成部分，以其特殊的民族性、竞技性、趣味性、体验性等特征越来越受到大众的青睐，成为当今世界旅游业发展的主要潮流之一，但相关理论研究直到 21 世纪才真正发展起来。图 4-1 是 1997—2017 年国内少数民族体育旅游学术研究情况。

---

　　① 刘文燕，王振. 2014. 中国民族体育旅游研究综述. 运动，（87）：140-142.

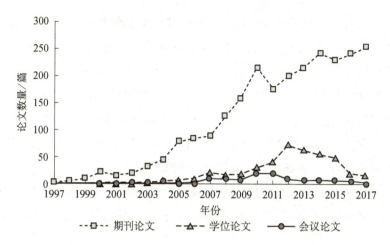

图 4-1　1997—2017 年国内少数民族体育旅游学术研究情况

从图 4-1 可以看出，我国对少数民族体育旅游的研究（期刊论文、学位论文、会议论文三者数量之和）在 2002—2017 年总体上处于上升趋势，其中 2010 年、2014 年分别出现了高峰期。

一、少数民族体育旅游研究的探索期

1997—2005 年为我国少数民族体育旅游研究的探索期，主要集中于对少数民族体育旅游的特点、开发现状及存在问题等方面的研究，提出了重视少数民族体育旅游产业化、统一规划管理、合理开发、注重少数民族风俗等开发策略。学术研究的重点是倡导少数民族体育与旅游的融合发展，以及进行少数民族体育旅游的内涵、特征、作用和项目分类等基础研究，绝大多数少数民族传统体育项目都没有作为体育旅游资源被大力开发，个别传统"名牌"项目，如抛绣球、抢花炮、芦笙踩堂等也仅停留在观赏性产品的开发上。人们对少数民族体育旅游资源的独特优势和潜在价值的认识不足，从而导致少数民族体育旅游资源开发利用程度相对较低。

二、少数民族体育旅游研究的高峰期

2005—2010 年是我国少数民族体育旅游研究的高峰期，如图 4-1 所示，相关研究逐年持续增长。特别是 2008 年北京奥运会对体育和旅游有双重拉动作用，使相关研究在数量上出现了一个小高峰。此阶段研究的侧重点主要是少数民族体育旅游资源开发、现状调查、可持续发展和前景预测等方面。例如，刘少英等在《中南、西南地区民族体育旅游资源调查及开发对策》中，分析了我国少数民族体育旅游的开发现状与问题，并对中南、西南地区少数民族体育旅游资源的开发提出了可行性对策和合理化建议[①]；李荣芝等在《民族体育旅游可持续发展研究》中，在分析发展我国少数民族体育旅游重点工作及保障措施时，要求将生态保护与可持续发展有机结合[②]。在此阶段，我国少数民族体育旅游产业得到一定发展，但少数民族体育旅游资源的开发仍然停留在旅游发展伴生下的观赏性开发层面，如何发掘少数民族体育项目中的民俗底蕴等问题仍然没有被高度关注。

三、少数民族体育旅游研究的波动增长期

2010—2017 年是我国少数民族体育旅游研究的波动增长期，在此阶段，学术界对少数民族体育旅游研究的主题逐渐趋于多样化，加之奥运热潮的逐渐消退，相关研究呈波动上升趋势。尤其是随着少数民族文化旅游的兴起，以及少数民族扶贫问题、全域旅游等国家发展战略的提出，我国旅游产业得到了快速发展，很多少数民族地区把旅游产业和文化产业作为支柱产业扶持发展，少数民族体育旅游成为民族地区旅游发展的重要内容之一，因此，近年来少数民族体育旅游研究又出现了研究的高潮，此阶段少数民族体育旅游研究的侧重点是市场需求调查、产品开发、区域少数民族体育旅游发展、研究综述等方面。随着中国旅游市场的逐渐成熟，游客对观光旅游产品的需求发生了根本性的变化，旅游产品开发也不再局限于单纯的少数民族体育旅游资源的展示，探讨少数民族体育旅游产品的体验性的研究越来越多。例如，赵发田在《创意经济时代：民族传统体育发展的新契机》中认为，创意经济时代的来临将会极大地推动少数民族传统体育文化产业、少数民族传统体育旅游、少数民族传统体育知识产权的保护以及少数民族传统体育的现代化等方面的发展[③]。

综上所述，少数民族体育旅游的理论研究虽逐年增多，但数量仍然不够多，

---

① 刘少英，吴永海，马志军，等. 2005. 中南、西南地区民族体育旅游资源调查及开发对策. 沈阳体育学院学报，24（6）：18-21.
② 李荣芝，虞重干. 2008. 民族体育旅游可持续发展研究. 体育文化导刊，（10）：78-80.
③ 赵发田. 2011. 创意经济时代：民族传统体育发展的新契机. 体育与科学，32（3）：84-87.

很多研究领域仍然不太成熟。研究的视角越来越宽，从初期的资源分析到市场开发再到产品开发，研究大多集中在特定区域的民族体育旅游研究上。随着少数民族文化旅游的兴起，少数民族体育旅游必将迎来新的发展阶段。

第二节　云南少数民族体育旅游研究的发展趋势

一、云南少数民族体育旅游研究论文年度分布

通过中国知网文献搜索端口，以"云南民族体育旅游"为关键词进行检索，共检索到 315 篇论文，论文年度分布情况见图 4-2。

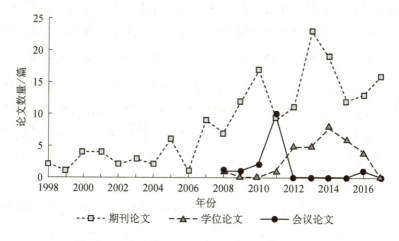

图 4-2　云南少数民族体育旅游研究论文年度分布

学术界对云南少数民族体育旅游的研究兴起于 1998 年，发展波动非常大，期刊论文发表出现两个高峰期，分别是 2010 年和 2013 年。云南省作为民族文化旅游大省，伴随着云南省第二次旅游产业的产品更新，尤其是《中共云南省委云南省人民政府关于着力推进重点产业发展的若干意见》的推进和实施，云南少数民族体育旅游必将迎来新的发展机遇。

1998 年，明庆忠等发表了《云南民族体育旅游产业化研究》，对云南少数民

族体育旅游资源状况及特点进行了介绍，开始了对云南少数民族体育旅游的研究，对云南少数民族体育旅游资源进行了梳理，提出了产业化发展的建议①。2010 年，左文泉等发表了《云南少数民族武术文化旅游可行性研究》，主要研究少数民族武术文化旅游开发的相关问题，提出了多方力量合作的开发模式②。2012 年，邓开民在其博士学位论文《云南少数民族传统体育旅游资源开发利用研究》中，对云南少数民族传统体育旅游资源进行了概括，对少数民族传统体育旅游资源优劣势因素进行了分析，对开发路径进行了展望③。陈炜等发表了《对云南少数民族传统体育文化资源的调查》，分析了云南少数民族传统体育文化资源的分布、分类，以及开发利用中存在的问题，探讨了对其进行旅游开发的策略④。2013 年，高圆媛在其研究成果《云南省少数民族体育旅游资源分布特征与开发策略选择》中，概括并阐释了云南少数民族体育旅游资源的分布特征及开发中存在的问题，提出了进一步开发云南少数民族体育旅游资源的策略选择⑤。丁艳秋等发表了《云南省楚雄市区少数民族传统体育旅游开展现状调查》，通过实证调查对楚雄市区少数民族传统体育旅游的开展现状进行调查与分析，探讨了进一步发展楚雄市区少数民族体育旅游的有效途径⑥。刘启坤等发表了《文山州少数民族传统体育旅游资源拓展探究》，通过实证调查，对文山州民族体育旅游资源进行了整理，归纳了相关问题，提出了对策⑦。2014 年，闫巧珍发表了《生态学视域下云南少数民族传统体育旅游的资源转化》，针对云南少数民族体育旅游资源丰富、经济收益差的问题，提出了少数民族传统体育旅游和生态旅游相互结合，实现旅游资源转化为旅游经济优势⑧。2015 年，王世超等发表了《滇西少数民族体育旅游资源 RMP 分析与战略选择》，对滇西少数民族体育旅游的资源、市场、产品进行分析，为滇西少数

① 明庆忠, 刘坚, 王德义. 1998. 云南民族体育旅游产业化研究. 社会科学家, （6）：47-51.
② 左文泉, 李秋良, 李景霞. 2010. 云南少数民族武术文化旅游可行性研究. 运动（体育产业）, （13）：138-139.
③ 邓开民. 2012. 云南少数民族传统体育旅游资源开发利用研究. 北京体育大学博士学位论文.
④ 陈炜, 杨欣玲, 蔡其姣. 2012. 对云南少数民族传统体育文化资源的调查. 体育研究与教育, 27（5）：73-76.
⑤ 高圆媛. 2013. 云南省少数民族体育旅游资源分布特征与开发策略选择. 沈阳体育学院学报, 32（4）：54-57.
⑥ 丁艳秋, 赵惠, 杨鸿黎, 等. 2013. 云南省楚雄市区少数民族传统体育旅游开展现状调查. 当代体育科技, 3（14）：93-95.
⑦ 刘启坤, 吴阳. 2013. 文山州少数民族传统体育旅游资源拓展探究. 文山学院学报, 26（3）：117-120.
⑧ 闫巧珍. 2014. 生态学视域下云南少数民族传统体育旅游的资源转化. 鄂州大学学报, 21（9）：99-101.

民族体育旅游的发展提供了理论指导①。李晓通等发表了《资源生态化开发作为西南少数民族传统体育旅游政策的人类学思辨》，从人类学视角提出，少数民族传统体育旅游是一种新的旅游式样，也是少数民族旅游资源开发的较高阶段，促进了旅游生态文化创造和少数民族传统体育旅游业的健康发展②。倪铭等发表了《云南少数民族传统体育旅游资源开发及探索》，提出了在整合现有资源的基础上增加地方特色，增强体育项目魅力，促进少数民族传统体育资源的开发及探索③。

综上所述，1998—2017 年，国内对云南少数民族体育旅游的研究 90%都集中于对少数民族体育旅游资源开发的探讨，对少数民族体育旅游产品性质与结构、产品化开发模式等方面的研究则相对较少。

二、云南少数民族体育旅游研究的特征

（一）旅游资源开发成为研究的核心主题

从所梳理的学术文献可以看出，针对云南少数民族体育旅游的研究主要集中在"旅游资源开发"以及"资源的市场转化"方面，虽然这些研究工作符合旅游业的产业化特征，但是研究工作主要集中于对当前开发前景进行分析、对当前运行过程中的问题进行克服。

（二）由宏观研究进入典型个案研究

从文献资料看，对于云南少数民族体育旅游的研究可分为两个阶段，且主要集中于两个层面。云南少数民族体育旅游研究的第一阶段是 1998—2011 年，该阶段研究的一个重要特点是对云南少数民族体育文化资源谱系进行梳理，并从产业转化的视角探讨其在经济、社会、文化等方面的价值，但该阶段研究的系统性不够，而且研究主要集中于对预期价值的探讨。第二阶段是 2013—2017 年，与第一阶段相比，该阶段主要是开启了典型个案的研究，研究视角不再是针对区

① 王世超，邹华，赵悌金，等.2015.滇西少数民族体育旅游资源 RMP 分析与战略选择.内江科技，（4）：135-136.
② 李晓通，张予云，张成胜.2015.资源生态化开发作为西南少数民族传统体育旅游政策的人类学思辨.河北体育学院学报，29（1）：81-85.
③ 倪铭，叶蓁.2016.云南少数民族传统体育旅游资源开发及探索.当代体育科技，6（15）：144-145.

域民族体育旅游市场转化的研究，而是在实际的开发过程中，通过对个案运行中出现问题的有效解决，对同类研究给予借鉴和指导，但是该阶段的研究除了研究视角的转化外，仍未能在云南少数民族体育旅游未来发展的走向方面产生重大标志性成果。

（三）理论研究与实际推广应用结合不够

研究方法过于简单复制。体育旅游被界定为"旅游业的组成部分""一种旅游活动的形式""旅游活动的一种特殊产品"，因此体育旅游在其"体育"上的本质内涵未能得到充分认识和探索，导致体育旅游在研究方法上简单套用旅游学的一般理论和方法，无形中拘泥于传统旅游学的理论框架体系之中，造成体育旅游各方面的研究都形成了简单照搬的研究范式，而未能从体育本身的产业特征的角度去研究体育旅游，因此未能形成有效的研究方法。

研究和实践均缺乏应有的深度。体育旅游市场本身的发展困境导致了体育旅游理论研究缺乏生动的市场实践，尤其是身处高校的部分学者往往与社会实践相脱节，仅在理论上提出"如何发展"的策略、"如何推广"的手段，但在实际推广的过程中并未能真正代表消费主流，也未能完全体现普通民众的消费需求。因此，体育旅游的研究者一定要亲身深入实际的产业发展过程中，契合市场的需求提出相应的解决方法。

第三节　云南少数民族体育旅游开发模式构建

一、少数民族体育旅游类型

（一）资源型

少数民族体育旅游是依托地方资源条件开展的民族体育项目，对地方资源条件有一定的依赖性，资源条件相似的区域都会开展类似的项目，仅是由于地域不同、地方文化母体不同，相应的体育项目器材、规则、体育文化表现的形式和过程等不同。例如，赛龙舟主要流行于广东、广西、湖南、湖北、福建、江苏、浙江、安徽、四川、云南、贵州、海南、香港、澳门，其地理位置均靠近水域。选择临水地区为居住环境的民族自然能够创造出一系列"水文化"。云南傣族赛龙舟最具代表性。

傣族赛龙舟在傣历六月十五（即公历清明节后十日左右）举行，是泼水节的一项重要内容，预示着新的一年的到来。所谓龙舟，即龙形与船形的结合，是一种以龙为标志的竞赛船只。龙舟的特征表现在龙头、龙尾上，龙舟上还附有各种装饰——旗帜、大鼓、芒。一艘龙舟保管得好，一般可用十多年，平时置于佛寺中由僧侣保管，虔诚者自发砍来芭蕉叶覆盖，算是一种功德。赛龙舟是西双版纳傣族傣历新年里重要的竞技活动，于除夕日前举行，赛前，沿江而居的几个傣寨便开始修理龙舟和训练舟手，每个村寨出一支或两支（包括女队）参赛队伍，舟手要求为 20～30 岁的身强力壮且品性优良者，所以能够成为舟手是村民的一种荣耀。舟手一般是各 16 人左右（也有多达 50～80 人的情况），所有舟手在有节奏的锣鼓声中做出整齐的动作，让龙舟在两岸的欢呼声中此前彼后地追赶超越，箭一般地斜刺向对岸。女队的龙舟无压龙头者，敲锣者和 4 名压舵手为男性，比赛的航道应设在静水水域，比赛器材按各地传统龙舟式样规格制造，制作材料不限。舵桨及划桨规格按各地传统要求制作。传统的龙舟可按各种习惯制作龙头和龙尾，并备有锣、锣架和鼓架等，另可带水标两个，预备划桨若干个等。

（二）运动会型

少数民族传统体育运动会一般是指中华人民共和国全国少数民族传统体育运动会，该运动会是在 1953 年举办的全国少数民族形式体育表演和竞赛大会的基础上发展而来的。它由国家民族事务委员会和国家体育行政部门联合主办，地方承办，从 1991 年开始每 4 年举行一届。该运动会以其民族性、广泛性和业余性等特色，成为全国较有影响的大型综合性体育运动会之一。截至 2018 年，我国的少数民族传统体育运动会已经举办了十届，笔者根据历届公开信息，统计了第一届至第十届举办年份、地点、参加人数、竞赛项目和表演项目等相关情况（表 4-1）。从 1953 年的 5 个竞赛项目和 22 个表演项目，到 1999 年的 13 个竞赛项目和 161 个表演项目，再到 2015 年的 17 个竞赛项目和 140 个表演项目。少数民族传统体育运动会参赛民族涵盖了中国的 55 个少数民族。

表 4-1　全国少数民族传统体育运动会

项目	年份	地点	参加人数/人	竞赛项目	表演项目/个
第一届	1953	天津	395	举重、拳击、摔跤、短兵和步射	22
第二届	1982	呼和浩特	863	射箭邀请赛和中国式摔跤	68
第三届	1986	乌鲁木齐	1097	摔跤、射箭、赛马、叼羊、射弩、花炮、秋千7个	115
第四届	1991	南宁	3000	龙舟、花炮、秋千、射弩、珍珠球、木球、摔跤、赛马和武术9个	120
第五届	1995	昆明	9000	花炮、珍珠球、木球、键球、摔跤、秋千、武术、射弩、龙舟、赛马、陀螺11个	129
第六届	1999	北京、拉萨分会场	9000	花炮、珍珠球、木球、键球、蹴球、秋千、武术、射弩、龙舟、陀螺、押加、民族式摔跤、马上项目共13个	161
第七届	2003	银川	3799	花炮、珍珠球、木球、蹴球、民族式摔跤、秋千、键球、武术、押加、龙舟、射弩、陀螺、高脚竞速、马术14个	124
第八届	2007	广州	6381	珍珠球、花炮、木球、蹴球、键球、龙舟、秋千、射弩、陀螺、押加、武术、马术、民族式摔跤、板鞋竞速、高脚竞速15个	148
第九届	2011	贵阳	6771	花炮、珍珠球、木球、蹴球、键球、龙舟、独竹漂、秋千、射弩、陀螺、押加、高脚竞速、板鞋竞速、武术、民族式摔跤（搏克、且里西、格、北嘎、绊跤、希日木）、马术（速度赛马、走马、跑马射击、跑马射箭、跑马拾哈达）16个	188
第十届	2015	鄂尔多斯	9000	花炮、珍珠球、木球、蹴球、键球、龙舟、独竹漂、秋千、射弩、陀螺、押加、高脚竞速、板鞋竞速、武术、民族式摔跤（搏克、且里西、格、北嘎、绊跤、希日木）、马术（民族赛马、走马、跑马射击、跑马射箭、跑马拾哈达）、民族健身操17个	140

　　异彩纷呈的表演项目，如傣族的孔雀拳、白族的霸王鞭、纳西族的东巴跳、彝族的阿细跳月、高山族的背篓球、回族的斗牛、藏族的"碧秀"、土族的轮子秋、朝鲜族的秋千、黎族的跳竹竿、壮族的高空舞狮、维吾尔族的"达瓦孜"、哈萨克族的马上拾银、塔吉克族的叼羊、蒙古族的赛骆驼和赛马、达斡尔族的"波依阔"等为少数民族体育旅游提供了一种卓有成效的开发模式。

（三）市场型

　　云南依托少数民族盛大节日和传统集会开展了市场型民族体育旅游活动。如大理三月街是白族盛大的节日和街期，每年农历三月十五日起在大理城西的点苍山脚下举行。最初它带有宗教活动色彩，后来逐渐变为一个盛大的物资交流会，为期5～7天。它不仅是个交换场所，还是表演各种舞蹈、赛马、竞技的园地。传统三月街的物资交易以骡马、山货、药材、茶叶为大宗，现在在政府的关怀下不断繁盛，活动内容不断丰富，白族人民以及附近的汉族、彝族、纳西族、藏族、傈僳族、回族等民族人民，纷纷身着节日盛装，赶着牲畜，手携肩挑着山货、药材和农副产品，聚集在苍山脚下的广场上，除进行物资交易外，还举行对歌、跳舞、射箭、赛马、球类比赛等，演出白剧、花灯戏。大理三月街对大理的经济文化有着深刻的影响：在文化方面，促进了民族文化的交流和融合，丰富了大理文化的内涵，扩大了大理在全国的影响；在经济方面，打破了以农耕经济为主体的单一的经济模式，使大理经济具有开放性和多元性。大理三月街的文化、经贸活动以充分展示其鲜明的名特优地方产品为特色，具有鲜明特色的民族工艺品、大理石、木雕、茶花、兰花、扎染布等产品远销日本、东南亚等国家和地区。

（四）节庆型

云南依托少数民族节庆开展了节庆型民族体育旅游活动。以蒙古族那达慕大会为例，"那达慕"是蒙古语，意为"娱乐游戏"，以表示丰收的喜悦之情。那达慕大会是蒙古族历史悠久的传统节日，每年农历六月初四开始，为期5天，那达慕大会上有惊险刺激的赛马、摔跤、射箭，有争强斗胜的棋艺，有引人入胜的歌舞。赛马、摔跤、射箭为男子三项竞技。赛马项目包括快马赛、走马赛、颠马赛。蒙古族的赛马比赛多在那达慕大会上举行。比赛时，赛马场上彩旗飘飘，鼓角长鸣，热闹非凡，蒙古族赛马不分男女老少均可参加，少则几十人，多则上百人，一起上阵。摔跤是蒙古族特别喜爱的一种体育活动，蒙古族的摔跤有其特点：按蒙古族传统习俗，摔跤运动员不受地区、体重的限制，采用淘汰制，一跤定胜负。参加比赛的摔跤手人数必须是2的某次乘方数，如8、16、32、64、128、256、512、1024等。比赛前，先推选一位族中的长者对参赛运动员进行编排和配对，蒙古族长调《摔跤手歌》唱过3遍之后，摔跤手挥舞双臂、跳着鹰舞入场，摔跤技巧很多，可以用捉、拉、扯、推、压等13个基本技巧演变出100多个动作。蒙古族特色传统体育项目还有射箭，通常比赛分近射、骑射、远射三种，有 25 步、50 步、100 步之分。男女老少均可参加比赛，凡参加者都自备马匹和弓箭，弓箭的样式、弓的拉力以及箭的长度和重量均不限，比赛的规则是三轮九箭，即每人每轮只许射三支箭，以中靶箭数的多少定前三名。

（五）祭祀型

云南依托少数民族祭祀活动开展了祭祀型民族体育旅游活动。例如，火把节是彝族地区的传统节日，流行于云南、贵州、四川等彝族地区，白族、纳西族、基诺族、拉祜族等民族也过这一节日。火把节在凉山彝族自治州彝语中被称为"都则"，即"祭火"的意思，仪式歌《祭火神》《祭锅庄石》中都有火神阿依迭古的神绩叙述。火把节的原生形态，简而言之就是古老的火崇拜。火是彝族追求光明的象征，在彝族地区，人们对火的崇拜和祭祀非常普遍。云南省泸西县彝族在正月初一和六月二十四日，由家庭主妇选一块最肥的肉扔进燃烧的火塘祈祷火神护佑平安。云南省永仁县彝族在正月初二或初三奉行祭火，称作开"火神会"。四川省凉山彝族自治州彝族把火塘看作火神居住的神圣之地，严禁触踏和跨越。

火把节是彝族最隆重盛大的传统节日，每年农历六月二十四至二十七日，彝族各村寨都要举行隆重的祭祀活动，祭天地、祭火、祭祖先，驱除邪恶，祈求六畜兴旺、五谷丰登，体现了彝族人民尊重自然规律、追求幸福生活的美好愿望。火把节期间还要举行传统的摔跤、斗牛、赛马等活动。这些活动来源于英雄黑体拉巴战胜魔王（或天神）的传说，这位英雄与魔王摔跤、角力，还教人点燃火把烧杀恶灵所化的蝗虫，保护了村寨和庄稼。为纪念这一事件，每年火把节，彝族人民就要象征性地复演传说中的故事，这渐渐成为节日活动的主要内容。

（六）宗教型

云南依托少数民族宗教活动开展了宗教型民族体育旅游活动。我们以藏族的"跳神"为例来说明，宗教在本质上和体育是不相容的，宗教之存在确实在历史上对体育的发展起到过某些束缚和制约作用，并给体育活动蒙上了宗教的阴影，使体育活动宗教化，但是宗教在某些特定的社会发展阶段和一定的历史条件下，也能对体育的发展起到促进和派生作用。

据说，跳神大会的意义在于驱除魔鬼，预祝来年吉祥如意。跳神是在藏族地区各地喇嘛寺举行法会庆典时，由喇嘛表演的一种宗教仪式舞蹈，有单人舞、双人舞和集体舞三种形式。跳神受到藏族地区人民的普遍喜爱，参加跳神的都是寺庙的喇嘛，以饶钹、鼓、唢呐等伴奏，舞者头戴虎、豹、熊、马、牛、羊、鸡、狗等动物形象的面具，在雄厚有力的鼓声中，在长脚号、大锣、饶钹的伴奏下，舞者以碎步旋转。跳神内容丰富，各有固定的格式和要求，有的多达十余种，每次都要表演一定的情节，都有完整的结构。整个跳神舞蹈中有激烈亢奋、疯狂暴怒的部分，难度均较大，没有很好的神态素质做基础是无法胜任的。因此，参加跳神的人必须在寺庙中经过严格的基本训练，特别重视速度、灵敏、力量、身体平衡和柔韧的训练，从踝关节到指关节共有十三处关节需要进行训练，有垫步、奔跑、跳跃、后蹬跑结合的左右扭腰、跨步走等练习形式，采用的器械有沙袋、沙背心、石墩、短棒等。跳神是寺院的体育活动之一，喇嘛通过各种跳神活动和舞姿，提高协调性、灵活性，增强肌肉的力量，达到强身健体的作用。

二、少数民族体育旅游的开发模式

体育旅游开发模式是指开发主体实施的将体育旅游资源转化为体育旅游产业的一般过程和基本方式的总和或定式。体育旅游开发模式应该结合区域体育旅游资源背景条件和类型，充分反映体育旅游产业关联系统中的各个要素的情况等。有效的体育旅游开发模式可以推动我国少数民族传统体育文化的传播，同时也有助于我国少数民族非物质文化遗产的传承与保护。然而，现阶段少数民族传统体育旅游在开发中存在散乱的现象。因此，对这种新的旅游形式进行深入研究是十分必要的。国内对少数民族体育旅游开发模式研究的期刊论文发表分别于 2010年、2013 年和 2015 年出现了小高峰（图 4-3）。

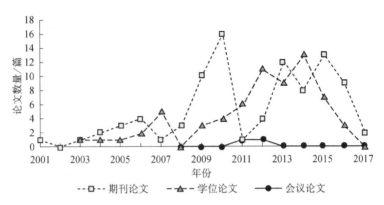

图 4-3　国内少数民族体育旅游开发模式研究的发展趋势

（一）主题公园型体育旅游开发模式

目前，国内外已经拥有一定数量的体育主题公园，如山西太原的体育主题公园。而民族体育旅游类主题公园的基本定义为：利用少数民族特有的生态自然及民族体育旅游资源优势，在向人们提供休闲和娱乐场所的同时，以体育为主题，将美观与实用、观赏与休闲、竞技与娱乐、古代与现代、民族化与国际化进行有机融合，以有效开发民族体育旅游项目，优化旅游产业结构，增加旅游收入，带动地区旅游经济发展，构建独具地方优势与特色的新型旅游区。其属于在旅游景点经营传统体育项目的形式。

民族体育旅游类主题公园应该整合相关少数民族传统体育和民俗文化理念，将此作为其设计思想，且将表演、娱乐以及群众的主动体验等作为主体，同时开发一系列主题为少数民族体育旅游的商品，将现代化与传统化相互融合，能够满足多阶层要求的整体性、系统化的娱乐设施。在一些旅游景点和度假地区，可以开发和创建具有少数民族特点的建筑物或者体育博物馆，从而凸显少数民族在建筑物上呈现的不同风格。通过博物馆这一平台，向旅客宣传少数民族传统体育文化，还能够以播放少数民族传统体育的相关宣传片、图片等，将项目展现、游客参与以及消费购物结合为一个整体。

位于云南省昆明市西南郊滇池之畔，占地面积 89 公顷，反映和展示云南 25个少数民族社会文化风情的云南民族村虽然不是民族体育旅游类主题公园，但其中已经拥有一定数量的少数民族体育旅游项目，从旅游产品改造升级的角度审视，可在云南民族村中再增加若干少数民族体育旅游项目。

（二）少数民族体育旅游圈开发模式

少数民族体育旅游圈开发模式是指为了获得最佳经济、社会和环境效益，以少数民族体育旅游资源为核心，组成具有一定地理范围的协作区域，其最终发展目标是实现旅游圈内交通和通信联系网络化、体育旅游资源开发利用集约化、旅游经济发展均衡化、旅游接待规范化，促进区域旅游的整体可持续发展。该模式的成功运营案例是环青海湖民族体育旅游圈、环太湖体育圈、长三角体育圈等。这种模式同样适用于云南少数民族体育旅游的开发，也与国家全域旅游的大背景相适应。

云南位于中国的西南边陲，拥有众多少数民族，其中包括若干特有少数民族，它们大都拥有自己独特的体育旅游资源，民族传统体育旅游资源丰度较高，为少数民族传统体育旅游的发展提供了坚实的资源基础。因此，云南可在少数民族聚集的区域选取恰当的地点建立少数民族体育旅游圈，其中可以涉及多个民族，即人们在某个少数民族体育旅游圈内就可以花费最少的时间来了解更多民族的体育旅游项目，既可以观赏，也可以参与其中。对于生活节奏很快的现代社会而言，其性价比必然很高，花费最少的时间获得最大的精神愉悦会使游客满意度得到大幅度的提升，考虑时间成本和所获得的精神愉悦，客源市场也必将得到扩展。这种发展模式既可以避免由体育旅游资源移植他处所带来的资源失真的情况发生，又可以为本地区少数民族的发展带来一定的经济效益，提升少数民族地区对民族体育旅游资源的保护欲望，使民族体育旅游资源深深地植根于本土文化的发展之中。

这种区域的联动发展可以使各个民族之间的联系更加密切，最终达到多赢的效果。当然，资源丰度高对民族体育旅游的发展是大有裨益的，但是基础设施的建设投入也不可小觑，众所周知，少数民族地区的交通设施不完善，可达性程度低，这对少数民族体育旅游的发展具有很大的限制作用。在交通设施跟不上旅游发展速度的情况下，少数民族地区可以开通进入少数民族体育旅游圈的绿色通道，首先着力发展各地区到达少数民族体育旅游圈的交通基础设施，完善圈内交通网，由于圈内拥有若干不同的少数民族，所以可以以点带线、以线带面地对各个少数民族地区实现有效带动。基于这种小范围少数民族体育旅游圈的构建，还可以将范围扩大为省域间少数民族体育旅游圈的构建。广西、贵州、四川、西藏等少数民族众多的区域与云南紧邻，拥有丰富的少数民族体育旅游资源，为这五省区少数民族体育旅游的联动发展提供了可能。小圈层带动小区域，大圈层带动大区域，最终实现各个系统之间的协调发展。

（三）"互联网+"背景下的高端定制式开发

"互联网+"背景下的高端定制式少数民族体育旅游开发模式可以从以下几个方面进行理解[①]。

1）开发具有民族特色、体现高品质需求以及具备多种功能的体育旅游网站和手机软件，以便能通过互联网充分展示少数民族体育的特色和内涵。用户能通过互联网了解少数民族体育旅游的相关信息，非常方便地反馈自己个性化的旅游需求。

2）通过互联网构建与用户互动的平台和通道，例如，通过企业的网站、客户端、微博、微信等方式及时搜索用户个性化的旅游需求信息，及时处理和总结，开发定制式的高端旅游产品。

3）开发网络旅游服务系统，接受用户通过互联网平台查询、预订和支付旅游产品费用，搭建互联网人工服务平台，方便用户直接通过互联网完成旅游产品的整个预订流程。"互联网+"背景下少数民族体育旅游开发模式就是通过互联网简化和完成旅游出行的各项准备工作及后续工作，尽量利用互联网无处不在的特点，方便游客花最少的时间了解旅游产品，通过互联网了解其他用户的评价和介绍，简便快捷地获取所需线路和产品，并通过互联网便捷查询，货比三家，花最少的钱预订到最物超所值的旅游产品。这显然是对少数民族传统体育旅游产业经营模式的颠覆，旅游业不再是旅行社漫天要价、旅游产品用户体验极差、旅客怨声载道的局面，而是要充分考虑用户的实际需求，充分优化旅游线路，提高性价比，实现旅游产品的高端化和定制化。

具有浓郁传统文化气息的民族体育旅游成为现代人缓解压力、休闲娱乐、修身养性的首要选择。例如，针对现代企业高管层开展的禅修、民俗游等活动就是高端定制式少数民族体育旅游市场的良好开端。

---

① 任蓓.2016."互联网+"背景下高端定制式民族体育旅游发展模式研究. 重庆理工大学学报（社会科学版），30（8）：60-66.

三、云南少数民族体育旅游的地方层级化开发模式

（一）文化经济学视角下的民族体育

Lash 和 Urry 在其《符号与空间经济》（*Economies of Signs and Spaces*）一书中指出[①]：文化经济与地方发展在策略上应该是转化地方知识成为地方可用的资源，地方知识是指地方做事的方法（资源使用的实践）和地方理解世界的方式（知识、实践与信仰），可具体化为文化标记。若从这个角度理解民族体育，则民族体育可以解构为使用地方资源的运动实践，包括族群对事物的观察与理解、体育运动的实践，以及贯穿于体育运动中的文化信仰。本节从文化经济的角度阐释民族体育，从而探索民族体育旅游资源产品化开发的途径和模式。

（二）地方文化经济发展的四种互动模式

Ray 在发展 Lash 和 Urry 关于地方文化经济的理论时[②]，提出了地方文化经济发展的四种互动模式。

1）地方文化商品化模式。对地方的认同转变为对地方文化商品的认同（包括历史和环境要素的商业化），将地方文化或具有地方认同的资源进行创造与重新整理，使其成为具有市场价值的商品，并由此进一步营销于地方。其中强调两个重要原则：①产品要植根于地方，使地方能够获得较高的经济利益；②地方要有控制整个经济活动的能力，避免地方文化遭到破坏。

2）地方商品化模式。将对文化标记的认同和建构，促销给外地游客，并转为对地方的认同，即利用新地方建构，促销地方认同。

3）地方行动模式。将对文化标记的认同转为对在地方进行地方认同的行动，将地方推销给自己的社区和商界、社群和地方政府部门。通过计划和行动的宣传，提升当地居民和组织对地方发展能力的信心，是整编地方资源、活化边疆地区或者衰退地区的内生发展模式。

4）地方自生模式。该模式强调文化经济应该是地方具备的基本能力，可以作

---

① Lash S，Urry J. 1994. Economies of Signs and Spaces. London：Sage.
② Ray C. 1999. Towards a meta-framework of endogenous development：Repertoires，paths，democracy and rights. Sociologia Ruralis，39（4）：521-537.

为地方发展的手段，强调地方文化所内生的经济，重视地方自主性。

综上所述，基于云南少数民族体育旅游资源情况，结合云南社会经济发展现状，我们可以选择层级化的地方商品化模式作为云南少数民族体育旅游资源产品化开发的主要模式。

（三）云南少数民族体育旅游资源产品化开发的手段

少数民族体育旅游资源需要在新的需求下进行产品的创意性开发，产品化过程即根据社区文化和游客消费需求，赋予资源新的功能和属性，使民族体育旅游资源具有新的用途，同时，民族体育旅游资源本身的历史感和文化表达，或者说植根性才是最引人注目的部分。对于少数民族体育旅游资源产品化开发，根据开发的产品性质，本章特提出以下层级开发的手段（表4-2）：①保存（conservation）。对文化、历史、传统、艺术、社会、经济、环境、经验等价值的有效保存。②转化（gentrification）。改变功能活化再利用。③修复（restoration）。使其恢复到原来的状态，以符合原来状态为原则提升使用性。④更新（renovation）。为符合新的需求，增添新的元素而适当地再利用。

表4-2　云南少数民族体育旅游资源产品化开发手段

少数民族体育旅游资源	保存	转化	修复	更新
竞技类				
游戏类				
舞蹈类				
表演类				
节庆类				
养生类				

（四）云南少数民族体育旅游地方层级化开发模式的特征

少数民族体育旅游资源产品化开发的运作方式属于文化经济运作的范畴，因此，云南应依据地方传统民族体育实践的方式，重现文化标记（或资源），经过创新，构建对内、对外的民族地方认同，发展地方少数民族体育旅游产业。云南少数民族体育旅游的地方层级化开发应遵循以下原则：①植根地方、发展地方的基本原则；②依据少数民族地方体育实践的方式，重现体育文化标记；③直接引用、提升改造或融合发展少数民族对体育运动的实践；④深刻反映贯穿于体育运动中的整套文化信仰体系；⑤提升地方把控整个经济活动的能力；⑥采用层级化旅游产品开发手段——保存、转化、修复、更新。

第五章

云南少数民族体育旅游资源产品化
开发案例

本章针对具体少数民族——傣族的体育旅游资源，开展少数民族体育旅游资源产品化开发的定量评价、开发模式构建、产品开发等环节的示范案例研究。

第一节　傣族体育旅游资源产品化开发的定量评价

一、定量评价的评分标准和操作规程

傣族体育旅游资源丰富多样，而且具有鲜明特色，如何开发？开发什么项目？在对少数民族体育旅游资源进行产品化开发前，需要对资源进行必要的量化评估。表 5-1 综合分析了傣族体育旅游资源开发利用的基本状况。

表 5-1　傣族体育旅游资源开发利用的基本状况

分类	已开发的体育旅游资源	未开发的体育旅游资源
运动保健	傣拳	刀术、棍术
体验、休闲、参与	打陀螺、象脚鼓对踢、荡秋千、射弩	斗鸡、踢藤球、打谷壳、打弹弓、顶棍
艺术表演	孔雀舞、象脚鼓舞、鱼舞、大鹏鸟舞、花环舞、马鹿舞、鸳鸯舞	赞哈、祭祀舞、白象舞、芦笙舞

分类	已开发的体育旅游资源	未开发的体育旅游资源
节庆活动	丢包、堆沙、泼水、赛马、赛象、爬树比赛、放高升	赛象脚鼓

（一）傣族体育旅游资源编序

为方便资源调查评估和数据统计，本章采用序号加体育旅游资源的方式对资源进行编号，具体如下：1 傣拳、2 孔雀舞、3 象脚鼓舞、4 赞哈、5 泼水、6 丢包、7 堆沙、8 放高升、9 斗鸡、10 象脚鼓对踢、11 打陀螺、12 荡秋千、13 射弩、14 鱼舞、15 大鹏鸟舞、16 花环舞、17 马鹿舞、18 鸳鸯舞、19 赛马、20 赛象、21 爬树比赛、22 刀术、23 棍术、24 踢藤球、25 打谷壳、26 打弹弓、27 顶棍、28 祭祀舞、29 白象舞、30 芦笙舞、31 赛象脚鼓。

编号的顺序不代表体育旅游资源的重要性，仅是资源的编排序号，目的是方便被调查者区分体育旅游资源或者填表时用序号来代替具体的体育旅游资源。

（二）傣族体育旅游资源产品化开发评分表

根据评价指标影响体育旅游资源开发的程度，把每个评价指标划分为 5 个等级，分别为极高（优）、高（良）、中、低（差）、极低（劣），并对每一等级赋予连续的实数区间表示指标分值的变化，一级为 [10，8），二级为 [8，6），三级为 [6，4），四级为 [4，2），五级为 [2，0），根据评价指标的等级标准，请被调查者对每个评价指标进行评分，并将赋分值填入后面空白处，详见表 5-2。

表 5-2　傣族体育旅游资源产品化开发的评分表

一级指标	二级指标	三级指标	评价标准					请填写评分
			[10，8）	[8，6）	[6，4）	[4，2）	[2，0）	
傣族体育旅游资源产品化开发的价值评价（B1）	资源功能（C1）	资源功能（D1）	极高	高	中	低	极低	
	资源丰度与安全性（C2）	多样性（D2）	极高	高	中	低	极低	
		完整性（D3）	极高	高	中	低	极低	
		风险性（D4）	极高	高	中	低	极低	
傣族体育旅游资源产品化开发的条件评价（B2）	运动特征（C3）	可复制性（D5）	极高	高	中	低	极低	
		器械与运动技术复杂性（D6）	极高	高	中	低	极低	

一级指标	二级指标	三级指标	评价标准					请填写评分
			[10, 8)	[8, 6)	[6, 4)	[4, 2)	[2, 0)	
傣族体育旅游资源产品化开发的条件评价（B2）	设施与保障（C4）	服务保障（D7）	极高	高	中	低	极低	
		交通可进入性（D8）	极高	高	中	低	极低	
		通信及公共设施保障（D9）	极高	高	中	低	极低	
	游客市场条件（C5）	游客出游率（D10）	优	良	中	差	劣	
		游客满意度（D11）	优	良	中	差	劣	
傣族体育旅游资源产品化开发的环境与场所评价（B3）	文化氛围（C6）	文化表达完整性（D12）	优	良	中	差	劣	
	旅游影响（C7）	当地居民就业与收入（D13）	优	良	中	差	劣	
		景区开发与管理（D14）	优	良	中	差	劣	
傣族体育旅游资源产品化开发的产品评价（B4）	产品特性（C8）	参与性（D15）	极高	高	中	低	极低	
		表演性（D16）	极高	高	中	低	极低	
		传承性（D17）	极高	高	中	低	极低	
	产品价值（C9）	娱乐性（D18）	极高	高	中	低	极低	
		观赏性（D19）	极高	高	中	低	极低	
		体验性（D20）	极高	高	中	低	极低	
	产品影响（C10）	经济效益（D21）	极高	高	中	低	极低	
		社会效益（D22）	极高	高	中	低	极低	

（三）资源评价等级

根据旅游资源与体育旅游资源的关联性，参照《旅游资源分类、调查与评价》（GB/18972—2003）给出的等级划分标准，将云南傣族体育旅游资源评价划分为五个等级，具体划分见本书第三章第三节。

（四）评估数据来源

本章采用问卷调查法向云南省西双版纳州中缅第一寨——勐景来景区内对

傣族体育旅游资源有一定了解或熟悉的旅游管理者、当地居民、游客等发放调查问卷共 160 份，共回收 154 份，回收率为 96%，有效问卷为 151 份，有效率为 98%。

二、定量评价与结果分析

（一）傣族体育旅游资源产品化开发的评分值

本章采用如下公式计算傣族体育旅游资源产品化开发的评价分值：

$$P_j = \sum_{i=1}^{N_j} w_i b_{ji} \tag{5-1}$$

（二）综合评分值

综合评分值的满分共计 10 分，以加权平均算法为工具，获得全部评价者对于傣族体育旅游资源各项评价指标所给出的评分，并计算出它的算术平均数，利用式（5-1），即可得到所评价项目的综合评分值。

利用问卷调查法所获得的 31 种傣族体育旅游资源的模糊评价结果，即可获得其综合评分。其中，以孔雀舞为例，其定量评价结果见表 5-3。

表 5-3　傣族孔雀舞产品化开发的定量评价结果

评价综合层（B）	综合评分值	评价项目层（C）	综合评分值	评价因子层（D）	平均赋分值	评分值
孔雀舞产品化开发的价值评价（B1）	2.4142	资源功能（C1）	1.5210	资源功能（D1）	8.9206	1.5210
		资源丰度及安全性（C2）	0.8932	多样性（D2）	8.2145	0.2653
				完整性（D3）	7.8357	0.3792
				风险性（D4）	6.4261	0.2487
孔雀舞产品化开发的条件评价（B2）	1.6934	运动特征（C3）	0.5093	可复制性（D5）	7.4942	0.3223
				器械与运动技术复杂性（D6）	6.5154	0.1870
		设施与保障（C4）	0.4309	服务保障（D7）	7.5326	0.1296
				交通可进入性（D8）	6.6314	0.1300
				通信及公共设施保障（D9）	7.4801	0.1713

续表

评价综合层（B）	综合评分值	评价项目层（C）	综合评分值	评价因子层（D）	平均赋分值	评分值
孔雀舞产品化开发的条件评价（B2）	1.6934	游客市场条件（C5）	0.7532	游客出游率（D10）	8.6832	0.2805
				游客满意度（D11）	8.8035	0.4727
孔雀舞产品化开发的环境与场所评价（B3）	1.2056	文化氛围（C6）	0.7463	文化表达完整性（D12）	9.0132	0.7463
		旅游影响（C7）	0.4593	当地居民就业与收入（D13）	7.0232	0.1341
				景区开发与管理（D14）	7.5617	0.3252
孔雀舞产品化开发的产品评价（B4）	2.6893	产品特性（C8）	1.0591	参与性（D15）	6.9130	0.1348
				表演性（D16）	6.2612	0.2442
				传承性（D17）	8.7305	0.6801
		产品价值（C9）	0.7038	娱乐性（D18）	7.1032	0.2273
				观赏性（D19）	7.7232	0.2217
				体验性（D20）	6.1241	0.2548
		产品影响（C10）	0.9264	经济效益（D21）	8.6417	0.5548
				社会效益（D22）	8.2751	0.3716
综合评价结果：8.0025						

（三）评价结果分析

由表 5-3 的相关数据可知，傣族体育旅游资源——孔雀舞所对应的综合评价结果为 8.0025。运用定量评价方法，所获得的 31 种傣族体育旅游资源产品化开发综合评价结果见表 5-4。参照本书第三章第三节给出的等级划分标准，孔雀舞、泼水、傣拳、象脚鼓舞等 4 种傣族体育旅游资源为四级旅游资源，斗鸡、赞哈、丢包、堆沙、放高升、打陀螺、象脚鼓对踢、白象舞等 8 种傣族体育旅游资源为三级旅游资源，荡秋千等 14 种傣族体育旅游资源为二级旅游资源，爬树比赛等 5 种傣族体育旅游资源为一级旅游资源，亦即 31 种傣族体育旅游资源均为有等级的旅游资源。

表 5-4 傣族体育旅游资源产品化开发综合评价结果

序号	资源名称	综合评价结果	资源等级	序号	资源名称	综合评价结果	资源等级
1	孔雀舞	8.0025	四级	17	花环舞	5.6423	二级
2	泼水	7.8852	四级	18	马鹿舞	5.4522	二级
3	傣拳	7.7536	四级	19	鸳鸯舞	5.3421	二级
4	象脚鼓舞	7.6173	四级	20	赛马	5.3265	二级
5	斗鸡	7.3043	三级	21	赛象	5.1243	二级
6	赞哈	7.2467	三级	22	打谷壳	5.1024	二级
7	丢包	6.7952	三级	23	赛象脚鼓	4.9823	二级
8	堆沙	6.7456	三级	24	刀术	4.9056	二级
9	放高升	6.5683	三级	25	棍术	4.8216	二级
10	打陀螺	6.4457	三级	26	祭祀舞	4.6523	二级
11	象脚鼓对踢	6.4238	三级	27	爬树比赛	4.3524	一级
12	白象舞	6.3367	三级	28	芦笙舞	4.1982	一级
13	荡秋千	5.9824	二级	29	踢藤球	4.1867	一级
14	射弩	5.8832	二级	30	打弹弓	3.9825	一级
15	鱼舞	5.8545	二级	31	顶棍	3.9528	一级
16	大鹏鸟舞	5.7934	二级				

从整体上来看，按照评估得分，孔雀舞、泼水、傣拳和象脚鼓舞为四级体育旅游资源，均属于优良级体育旅游资源。其中，孔雀舞的评价分值最高，说明孔雀舞具备较好的旅游开发价值和开发条件，可优先开发，这不仅可以给当地带来可观的经济效益，而且可以使傣族的传统文化得到更好的传承与保护。排名第二的是泼水，评价分值为 7.8852，可重点开发为体育旅游产品；傣拳和象脚鼓舞分别排名第三和第四。它们之间的评分差距都不大，这说明排名前四的傣族体育旅游资源具备相对较好的开发价值和开发条件。相比于前四项，斗鸡和赞哈综合评分值相对较低，是三级体育旅游资源，也属于优良级体育旅游资源。

就单项的傣族体育旅游资源来看，排名第一的是舞蹈类体育旅游资源——孔雀舞。孔雀是傣族代表性的动物。傣族男子或女子身穿模仿孔雀制成的衣服，模拟孔雀出巢、展翅高飞、觅踪捕食、寻泉戏水、浴身抖翅、蹦跳嬉戏和开屏比美等一系列动作，舞蹈形式多样，表现了傣族人民的刚强与柔美，具有较高的体验价值、娱乐价值和健身价值，舞蹈种类丰富多样，且保存得比较完整，故价值评价的分值明显高于其他三项四级旅游资源。此外，孔雀舞的观赏性、参与性、表演性和传承性都比较高，其表演活动也能带来可观的经济效益和良好的社会效益，故产品评价的分值也远远高于其他三项。

排名仅次于孔雀舞的是节庆类体育旅游资源——泼水。傣族泼水节是傣族的传统节日，在"麦日"（泼水节第一天）清早，人们就要采来鲜花、绿叶到佛寺供奉，担来清水"浴佛"——为佛像洗尘，也祈求神灵保佑人们在新的一年里身体健康。"浴佛"完毕，集体性的相互泼水就开始了。泼水活动分为文泼和武泼，文泼是比较传统的方式，傣族人到井里取来干净的水，事先会盛放一些鲜花，如缅桂花等，让水有香味，然后到寺庙里去"赕佛"，之后再用这些带有芳香的水给佛像清洗身上的灰尘，之后大家互相用小树枝（如九里香树枝）蘸取小盆里的香花水，首先向德高者或年长者身上轻轻洒去，再向自己想要祝福的人身上洒去，以示新的一年给对方最真诚和美好的祝愿。武泼即用木盆装满水，把一盆水直接全部泼出去。在泼水节中谁被泼的水越多，象征着该年谁最幸福，也表达了傣族人民希望彼此平安幸福的寓意。就泼水活动而言，游客参与性和体验性比较高，其产品化开发的评价结果与孔雀舞相比较，开发条件较好，主要表现在政府的投资力度比较大，但是开发价值略低于孔雀舞。

傣拳是傣族特有的体育旅游资源，其综合评价结果为 7.7536，名列第三。傣拳的种类繁多，有孔雀拳、白象拳、马鹿拳等 20 多个拳种，其中以孔雀拳最为出名，孔雀拳是模拟孔雀的动作而形成的一套拳术。孔雀拳除了能强身健体外，还具有表演性，节庆时，人们跟着韵律节奏表演。傣拳具有较高的体育文化价值、观赏价值和健身康娱价值，但由于其特殊性，游客参与性不高；其开发条件评价方面分值相对较低，主要原因在于：一是傣拳种类繁多，但是保存得不够完整，研究力量薄弱，缺乏研究整理；二是缺乏武术人才，能够全面继承古傣拳的拳师老龄化现象严重，西双版纳州很多地方的傣拳已开始陷入传承人后继无人的尴尬境地。目前，傣拳未被作为单独的旅游产品来开发，市场的培育开发不足，当地相关部门也对傣拳所存在的潜在市场缺乏足够的认识，缺少有效的资金投入、政策引导和扶持。

排名第四的象脚鼓舞是傣族地区流行最广的男子舞蹈。每当栽秧后和丰收时节，他们就跳起象脚鼓舞以示庆祝，由 2 人敲锣伴奏，1 人或多人跳象脚鼓舞。象脚鼓舞矫健、粗犷，双膝的起伏和敲鼓的动作配合紧密，用手敲鼓时，膝部弯曲，而抬手时，膝部立直。此舞蹈不仅在节庆时表演，还可作为傣族特有舞蹈为游客表演。与前三项相比，象脚鼓舞的开发价值和开发条件都相对较低。这是由于此舞蹈仅限于男子跳，参与面窄，故带动就业和经济收入方面相对低，此外，政府对此项目产品化开发的投入力度不够，当地居民重视和保护的程度也不足。

排名第五的斗鸡和排名第六的赞哈在开发价值和开发条件方面均低于前四项，还需要深度挖掘其价值，创造开发条件。

云南傣族体育旅游资源产品化开发评价是一个受诸多因素影响的复杂系统工程；各因素之间的关系错综复杂。笔者尝试性地构建了云南傣族体育旅游资源产品化开发评价指标体系，主要涵盖 4 个一级指标（也可设计为 3 个一级指标[①]或其他形式的多个一级指标），即评价综合层，包括傣族体育旅游资源产品化开发的价值评价、傣族体育旅游资源产品化开发的条件评价、傣族体育旅游资源产品化开发的环境与场所评价、傣族体育旅游资源产品化开发的产品评价；10 个二级指标，即评价项目层；22 个三级指标，即评价因子层。云南傣族体育旅游资源产品化开发，应在坚持保护的前提下，突出云南傣族体育旅游资源的特色和亮点。云南作为民族文化大省，其区位条件优越、资源丰富、国家支持政策优厚、旅游发展潜力巨大。借鉴本次研究的评价结果，按评分高低来确定云南傣族体育旅游资源产品化开发的优先顺序；评价得分最高者应被优先考虑，重点开发，继而带动周边地区各类旅游资源的开发利用；同时，在开发的基础上，要充分考虑云南傣族体育旅游资源内部元素的整合、空间关系的优化以及旅游要素的配置等关键问题，以期使云南傣族体育旅游资源得到有效的保护与开发利用，最终实现可持续发展。

第二节　傣族体育旅游资源的地方层级化开发

开发傣族体育旅游资源的主要目标和根本任务是希望在开发傣族体育旅游资源促进地方经济发展的同时，传承和保护好傣族体育文化资源，然而，协调好保护与开发的关系并非易事。本节在检索、分析国内外相关研究的基础上，根据云南的实际情况，提出对傣族体育旅游资源进行地方层级化开发。

---

① 朱露晓，王婷，张蕾. 2017. 云南傣族体育旅游资源产品化开发的评价研究. 云南师范大学学报（自然科学版），37（4）：71-78.

一、傣族体育运动的特质

随着社会经济的发展,流行的大众运动健身方式已经不能满足现代人对新奇、康体与生态休闲养生运动方式的需求,人们憧憬的旅游生活既有文化的吸引力,又有休闲运动的快乐和健康性,期待在旅游过程中通过参与和交流,从别人的生活中获得生活的启迪,得到感情的慰藉和心灵的净化。植根于民间的少数民族传统体育在一定程度上能够较好地满足这样的旅游消费需求。对现代人来说,休闲运动若能与度假旅游相结合,是非常有市场吸引力的产品。因此,少数民族传统体育旅游产品的开发,需要瞄准现代消费市场的需求,让人们在青山绿水之间,乡土气息之中,充分感受少数民族传统体育运动项目的独特魅力,在观赏、参与、学习地方知识、康体运动中体验原生态民族传统体育别样的乐趣,丰富旅游经历,让旅行生活留给他们难忘的回忆。

云南地形起伏,滇西横断山和滇东高原面积广阔,地势北高南低,少数民族沿着纬度方向和山地垂直方向分布,民族体育呈现出山地民族的特征,动作朴实粗犷,身体接触性和对抗力强,攻击性强,体现了少数民族勇敢坚强的特征。例如,布朗族的剽牛、佤族的脚踢架、景颇族的摔跤等,体现了山地民族的体育文化形态。生活在坝区的傣族的体育项目由原来源于狩猎和战争的斗力性,逐渐演变为表演性很强,以休闲、观赏与娱乐身心为目的的项目,因此傣族体育项目在云南可谓独具特色,傣族是个柔情似水的民族,尤其是傣泐,生活在水边,种植水稻,民族性格温柔善良,运动动作(包括舞蹈和体育)柔韧、弯曲,柔中透力,他们的运动即便动力很大也体现出柔韧性,极具观赏性和娱乐性,他们的运动项目中很少有纯竞技较力的活动,而更多地带有群体表演性与娱乐性。如放高升,其运动程序至少有以下几个环节:①村落组织表演人员和竞技人员,形成比赛运动团体;②运动团体集体就餐,等待比赛时刻;③比赛团体排成表演队边歌边舞到达比赛广场;④男女集体跳舞,放高升者上到高台准备放高升;⑤放高升,随着高升的飞天高度,集体欢呼跳跃;⑥集体跳舞庆祝高升放飞成功。放高升成为群体表演性与娱乐性很强的体育项目,在傣族体育项目中,音乐、舞蹈、体育运动往往融为一体,体育运动不再是单一的竞技运动,而是以体育运动为核心的文化系统。此特质是傣族体育文化特有的体育运动特征,有别于其他体育运动特征。傣族著名的孔雀舞、象脚鼓舞、丢包、赛龙舟、堆沙等都是民族文化体系的完整再现。傣族体育运动的动律普遍具有动作节奏感强、表达方式轻柔、强调防守和运动中注重传达人们的情感等特点。

傣族体育运动是傣族理解和使用地方资源的体育运动实践，包括傣族对地方事物的观察与理解、傣族体育运动的实践，以及贯穿于体育运动中的文化信仰系统。

二、傣族体育旅游产品类型

要把傣族体育旅游资源转化成为体育旅游产品，需要从傣族地方性知识层面思考，傣族体育旅游资源包括以下结构：傣族体育项目开展的方法、傣族理解体育活动的方式，可具体化到体育文化标记。从这个角度分析，傣族体育旅游产品最好的开发形式是植根于傣族村寨，在村落的文化系统中展现鲜活的傣族体育项目，这才是最具生命力的、可持续发展的开发。在傣族村寨，可将村寨空间和传统体育项目开发利用，营造出民族体育旅游村的意象作为地方独特性，使其成为主要吸引力，同时，可根据傣族村寨地方体育文化来设计各类民族体育旅游产品，给游客提供实质上的消费。从 J. C. Agnew 提出的文化产品角度，体育旅游产品可理解为被商品化的文化象征。它意味着游客使用的旅游产品均带有文化性、象征性，并非实质性参与竞技，而是被游客赋予文化意义的民族体育消费性产品，这是民族体育旅游的一大特征。

傣族体育旅游产品不同于一般大量生产的农业产品，强调该产品本身所具有的民族体育运动文化的记号性。傣族体育旅游产品依据旅游功能分为四种类型：观赏型、参与型、传承型、康体型。

观赏型体育旅游产品包含孔雀舞、斗鸡、象脚鼓对踢、白象舞、鱼舞、大鹏鸟舞、马鹿舞、鸳鸯舞、爬树比赛、刀术、棍术、芦笙舞。

参与型体育旅游产品包含傣拳、堆沙、荡秋千、射弩、打弹弓、打谷壳。

传承型体育旅游产品包含泼水、丢包、赞哈、放高升、象脚鼓舞、祭祀舞。

康体型体育旅游产品包含团结舞、踢藤球、打陀螺。

（一）观赏型傣族体育旅游产品

游客通过观赏精彩的傣族体育表演，满足其视觉、听觉上的需求，傣族新、奇、特的可观赏体育项目较多，例如，在资源产品化开发评估中，游客和专家调查结果都表明孔雀舞最具有开发价值，尤其是村寨中的孔雀舞，能使游客获得新体验、新感受，起到愉悦身心、陶冶情操的效果。虽然很多游客观赏过舞台上的孔雀舞，但是村寨中的孔雀舞却是游客没有见过、没有听过、没有体验过的，而且男性作为表演者的孔雀舞具有极高的猎奇性和观赏性。傣族传统孔雀舞是傣族村寨中主要的文化标记。

（二）参与型傣族体育旅游产品

参与型傣族体育旅游产品主要是让游客亲身参与到傣族体育运动中，游客通过亲身的参与，深刻体验傣族体育运动的独特魅力和别样的乐趣，一方面学习傣族传统体育项目的地方性知识，另一方面体验运动后酣畅淋漓的身心释放感。这种类型的傣族体育旅游产品包括柔中带刚的傣拳、源于生产劳动的傣族打谷壳等。

（三）传承型傣族体育旅游产品

傣族传统体育项目多数都有复杂的文化体系，以一项体育运动为主线，辅以其他项目，娱乐性极高，因此，傣族传统体育项目更加强调植根于民间本土。结合傣族传统体育项目的故事内涵，正如 Frow 所指出的，利用环境和文化特质互相结合的商品化是从有形到无形资源的私有权当中延伸出的现代资本的运作逻辑[①]。此类产品需要通过傣族地方传统体育实践的方式，重现傣族文化系统，经由旅游创新与象征的文化，构建人们对此类项目的认同。此类产品需要强调植根于傣族地方，而且地方要有控制整个经济活动的能力，避免地方文化遭到破坏。例如，泼水、放高升等项目就属于传承型傣族体育旅游产品。

（四）康体型傣族体育旅游产品

现代人的生活节奏很快，造成了人们的亚健康状态。随着收入水平和生活水

---

① Frow J. 1997. Time and Commodity Culture: Essays in Cultural Theory and Postmodernity. Oxford: Clarendon Press.

平的提高，人们向往健康的休闲方式，追求健康与生态休闲养生的运动方式，并且最好与高品位、高端的休闲度假相结合，因此，康体休闲度假旅游越来越受到人们的喜爱。由于傣族传统体育运动较为柔美，傣族村寨大多为山水田高度融合、生态环境优美的地区，因此傣族传统康体型体育旅游产品具有非常高的开发价值，如团结舞、踢藤球、打陀螺等，都具有很好的健身性。在傣族地区，还可以请傣医介绍一些傣族民间的养生经典和养生方法，让游客通晓傣族传统及现代的养生、休闲、健身知识，从而弘扬傣族体育的养生功能。

三、傣族体育旅游资源的地方层级化开发

傣族体育旅游资源的产品化开发，需要在新的需求下进行产品的创意性开发，需要根据社区文化和游客消费需求，赋予资源新的功能和属性，使傣族体育项目具有新的用途，同时体育项目本身的历史感和文化表达，或者说植根性才是最引人注目的部分。

（一）傣族体育旅游资源地方层级化开发手段

对傣族体育旅游资源的产品化开发，根据开发的产品性质可采用以下层级化开发手段：①保存；②转化；③修复；④更新。事实上，任何民族体育旅游产品开发都可以从上述四个层次考虑开发的程度与结果，因此，上述层级化开发手段具有一定的普适性。

（二）傣族体育旅游资源地方层级化开发方法

根据傣族体育旅游资源产品化开发综合量化评价结果，最有价值开发为旅游产品的项目，排在前10位的分别是孔雀舞、泼水、傣拳、象脚鼓舞、斗鸡、赞哈、丢包、堆沙、放高升、打陀螺。综合分析旅游产品开发类型和相关需要，本章从31项傣族体育旅游资源中选择7项作为傣族体育旅游资源中最具有产品化开发价值的实用示范项目（表5-5），分别是观赏型的孔雀舞、参与型的打谷壳和傣拳、传承型的象脚鼓舞和丢包、康体型的团结舞。其中，打谷壳在体育旅游资源产品化综合评价中得分相对较低，主要原因是很多游客都不了解打谷壳是什么项目，此项目实际上是傣族的生产劳动项目，并非傣族民间传统体育项目，是在傣族生

产生活基础上新创的傣族体育项目，因此，尽管综合评分不高，本章也将其列入傣族体育旅游产品开发示范项目。

表 5-5　傣族体育旅游资源地方层级化开发方法

资源	保存	转化	修复	更新	产品开发方法
孔雀舞	孔雀架和面具的核心特征、舞蹈基本动作	由神性或欢庆舞蹈转化为表演性强的舞蹈	传统的运动动律，表达的思想和故事	提升道具，让其能够更好地与动律配合，动作编排更美，节奏更符合新要求	提升改造
打谷壳	傣族打谷壳生产劳动的基本运动特征	由生产劳动项目转化为大众参与娱乐项目	恢复大蒲扇、谷堆、身体运动动律与节奏	增加游戏规则，让游客学习打谷壳的地方知识，学会打谷壳的动作	提升改造
傣拳	傣拳基本运动特征	由村寨娱乐性项目转化为游客参与型项目	在原有动作上简化，让游客能够参与运动	不增加新元素，只是根据游客特征简化运动技术	直接引用
象脚鼓舞	打鼓的方法、动作套路	强调表演性，同时转化为参与型项目	观赏型项目可以直接引用，参与型项目简化动作	可开发形式多样化的打鼓方式，如斗鼓、炫鼓、特大鼓，与其他体育项目结合	融合发展
丢包	民间故事，意义传说	由民间谈情说爱项目转化为大众娱乐项目	对花包等道具进行重新设计	游戏化，可以制定一些不同的规则，让游客参与活动	融合发展
团结舞	集体娱乐	集体娱乐	集体舞动作套路	强调健身性，有广场舞的作用	直接引用

第三节　傣族体育旅游资源产品开发案例

根据傣族体育旅游资源综合评估结果，以及产品化开发的市场定位、市场需求、产品的代表性等，本节选择开发了 5 种代表性的傣族体育旅游产品，分别是观赏型的孔雀舞、参与型的打谷壳和傣拳、康体型的团结舞、传承型的象脚鼓舞与丢包组合产品。

一、观赏型体育旅游产品——孔雀舞

傣族喜爱和崇尚孔雀，并把孔雀视为善良、智慧、美丽、吉祥、幸福的象征，孔雀对傣族人来说是一种象征民族精神的神秘力量。

（一）孔雀舞的产品开发类型

孔雀舞主要是观赏型的体育旅游产品，经过历代民间艺术人的精心创造，形成了各具特色、不同流派的孔雀舞。其动作优美典雅、柔韧内在而又轻盈敏捷，模仿孔雀的一举一动，千姿百态，非常丰富，具有极高的审美性和观赏性。

（二）孔雀舞的文化背景

孔雀舞风格轻盈灵秀，情感表达细腻，舞姿婀娜优美，是傣族人民智慧的结晶，有较高的审美价值，它不仅在重要、热闹的民族节庆中单独表演，还常常融合在集体舞"嘎光"中。孔雀舞具有维系民族团结的意义，其代表性使其成为傣族最有文化认同感的舞蹈。傣族民间传统的孔雀舞有着较长的历史，并被纳入了宗教的礼仪之中。孔雀舞是傣族人民最喜爱的民间舞蹈，傣族聚居的坝区几乎月月有"摆"（节日），年年有歌舞。在傣族一年一度的"泼水节""关门节""开门节""赶摆"等民俗节日，傣族人民都会聚集在一起，敲响大锣，打起象脚鼓，跳起姿态优美的孔雀舞，歌舞声中呈现出丰收的喜庆气氛和民族团结的美好景象。

孔雀舞具有广泛的群众性和悠久的历史。民间在"赶摆"、过节以及各种喜庆日子里表演的孔雀舞都是根据各种传说编成的。早在1000多年前，傣族人民中间就已经流传许多有关孔雀舞的优美传说，召树屯与喃木诺娜的故事就是其中的一个。相传，古老的勐版加国有一位英俊勇敢的王子叫召树屯，当他成年后，为反对父王订下的婚事而离开了宫殿，四处寻找自己理想的伴侣。一天，当他来到风景秀丽的金湖时，恰逢孔雀国的七位公主到金湖沐浴，其中的七公主喃木诺娜漂亮、高贵，深深地打动了王子。正当王子愁眉不展时，湖中的神龙把留住七公主的秘密告诉了王子，于是王子趁七公主沐浴之时藏起了她的孔雀羽衣，让她飞不回去，两人一见钟情，碰撞出了爱情的火花。

（三）孔雀舞的文化内涵

孔雀是傣族的吉祥鸟，因此傣族人民常以跳孔雀舞来表现自己的民族精神和美好愿望，并把孔雀舞与宗教信仰联系起来，使孔雀舞成为宗教艺术，成为祭祀佛祖的宗教性舞蹈，主要在佛教礼祀活动中演出，这种宗教性的舞蹈在傣族群体中传达着一种民族精神，一种文化精神共通的力量，是神性的孔雀动态意象，对傣族群体来说，它是纯粹而真实的舞蹈，这种动态意象的建立不拘于形式，更重要的是民族精神的感召力。因此，每当宗教节日，为了赕佛和祈求吉祥，傣族人民都要云集一堂观看由民间艺人表演的根据民间故事、神话传说以及佛经故事等编成的孔雀舞。傣族的许多村寨都有擅长跳孔雀舞的艺人，他们注重孔雀神态的模拟，即使躯体动作简单也能创造群体共通的舞蹈动作。孔雀舞在发展过程中形成了傣族的舞蹈特质，在利用特质去表现不同孔雀舞时使孔雀舞的表现形式得到丰富，同时，在利用特质去形成傣族风格的其他模拟动物的舞蹈中也使傣族舞蹈的种类得到丰富。傣族传统孔雀舞不以力量和舞路的多样取胜，而是以傣族人隐含其中的模仿孔雀的形态和倾入的对吉祥孔雀的理解和情感，让人感到神圣、力量的美，这种特殊的体育运动特征在傣族社区极具感召力。

（四）孔雀舞体育旅游产品特征

在旅游产品开发中，本小节根据少数民族体育旅游资源产品化开发理念，传承和提升傣族对孔雀及其生存环境的观察与理解，通过仿生态体育运动技术、场地、器械、规则等体育实践特征，把傣族对地方的理解、情感、信仰通过孔雀舞运动神韵和情景传递给游客，塑造地方认同。

1. 运动器械

表演者为男性，头饰塔形佛冠，面戴菩萨面具，腰套篾编孔雀架子，其上以彩纸或色布装饰成孔雀身、翅、尾的假形表演装束，在象脚鼓、锣、镲等乐器伴奏下进行舞蹈。象脚鼓是傣族的重要民间乐器，因鼓身形似象脚而得名，广泛用于歌舞和傣戏伴奏；锣属于打击乐器，以黄铜制成，结构较简单，锣体呈一圆盘形，四周以本身边框固定，用锣槌敲击中央部分振动发音；镲是一种民族乐器，又称水镲、小水镲、镲锅，流行于全国各地，同时又被称为钹，属于中国民乐中的打击乐器。象脚鼓、锣、镲三种乐器很协调地齐奏时，既能打击出温柔抒情的鼓点，也能打击出欢腾奔放和浑厚有力的鼓点。

2. 运动规则

（1）音乐与舞蹈合一，节奏鲜明

传统的孔雀舞是男子穿戴固定的表演装束，在象脚鼓、锣、镲等乐器伴奏下进行舞蹈。男子表演的传统孔雀舞动作偏于刚健、挺拔，少有阴柔之美，但流畅的舞姿与模拟孔雀的优美造型往往令观者沉醉从而忽略性别。孔雀舞有严格的程式和要求，有规范化的地位图和步法，每个动作有相应的鼓语伴奏，因而节奏鲜明又不失活泼。

（2）仿生形态，动作优美

顾名思义，孔雀舞即人们模仿孔雀的动作形态所创造出来的舞蹈。孔雀舞的内容多为表现孔雀飞跑下山、漫步森林、饮泉戏水、追逐嬉戏、拖翅、晒翅、展翅、抖翅、亮翅、点水、蹬枝、歇枝、开屏、飞翔等，要求动作优美、柔韧内在而又轻盈敏捷。

（3）"三道弯"舞姿，四肢协调

孔雀舞有丰富多样的手形动作和跳、转等技巧，四肢和躯干的各个关节要重拍向下屈伸，全身均匀颤动，形成优美的"三道弯"舞姿，要求舞者四肢协调，风格轻盈灵秀，情感表达细腻，舞姿婀娜优美，有较高审美价值。

3. 运动技术

孔雀舞在长期传承中已形成比较固定的舞蹈程式，舞蹈风格上以仿生态孔雀动态为基础，运动动律为膝部弹性起伏、舞姿优美的"三道弯"躯体造型，动作细腻，体现其含蓄、妩媚的形态，这就是傣族民间舞最具特征的特质意象，舞者用这种特质体态塑造孔雀林中窥看、漫步森林、饮泉戏水、追逐嬉戏、出巢梳毛、浴身抖翅、展翅滑翔、开屏比美等神态韵味和自然情景。手法飘灵，脚步轻盈，挺胸、收腹、提气等各个环节都与眼神相配合，双臂的缠绵起伏带动全身关节的和谐运转，舞时往往还配以啄木鸟、鹏鸟、小米雀、鹭鸶等拟禽舞，既体现百鸟朝佛，又凸显出孔雀的百鸟之王的地位，寓意佛光普照，百姓平安、吉祥。

4. 游客参与方式

1）观看舞台表演。孔雀舞动作优美，具有极高的观赏价值，因此，可以在景区适当的位置安排布置孔雀舞的表演，组织游客前来观看。

2）教授单人孔雀舞。不限性别，游客一起参与，主要以孔雀舞中单人孔雀舞为原型，教授游客一些简单的舞蹈动作，主要体现男性的刚劲之美和女性的阴柔之美。

3）教授双人孔雀舞。孔雀既是幸福吉祥的象征，也是爱情的象征，因此，可以教授情侣、夫妻等游客双人孔雀舞，以简单易学的动作为主，但不失美感与和谐，增进彼此之间的默契，留下美好回忆。

5. 存在问题与改进

1）问题。孔雀舞是傣族人民经过对孔雀生活习性长期的观察所创作出来的舞蹈，有深厚的历史底蕴，而游客则没有这样的经验和基础，因此学习起来会有一定的难度；随着经济全球化以及外来文化等的影响，孔雀舞已不是傣族每个人都会的舞蹈，大部分人都有一定的基础，却没有深厚的功底，其传承和教授会受到影响。

2）改进。首先，充分利用现代科技，通过影像、专家解说等手段建立传承人图文信息数据库；其次，通过网络、媒体等传播孔雀舞，扩大受众范围，提高影响力；再次，政府制定相关法律法规，保护传统文化及艺术，同时，要在学校课程中加入相关的课程设置；最后，在游客参与上，要抓住他们的审美需求和心理需求，营造一种美好的氛围，让游客在心理上感觉到美好，从而记住孔雀舞。傣族孔雀舞体育旅游产品开发特征见表 5-6。

表 5-6 傣族孔雀舞体育旅游产品开发特征

产品化开发方法	运动场地	运动器械	运动技术	运动规则
保存	村寨、寺院	各地不同风格的孔雀架和面具	头和眼的运动节律分明，躯干、手、脚的"三道弯"	男性单人或双人
转化	旅游环境	使运动器械更轻便、美观	节奏明快，具有雕塑和仿生态美，更具节奏性	不受限制
修复	村寨中风景好、方便集体活动的场地	根据各地孔雀架风格要求和表现情况恢复表现力	柔和性、道具的运用更具有辅助性，男性舞者刚柔美	男性表演
更新	表演舞台可以是村寨中的舞台，也可以是有专业舞美的舞台	符合更加轻便、美观，手脚更方便活动要求，使运动更加不受道具的束缚	节奏感鲜明，融入现代游客的审美要求，男性与女性动作技术的融合，可以摆脱孔雀架	不限人数，不限性别

产品化开发后的傣族孔雀舞更符合现代审美要求，但又保持了傣族村寨传统孔雀舞的特征，也不同于杨丽萍的纯舞台化的孔雀舞。

二、参与型体育旅游产品——打谷壳

（一）打谷壳的旅游产品开发类型

打谷壳来源于傣族的生产劳动，将人们日常生活中的农业劳作开发为参与型体育旅游产品，既新鲜又有创意，可以激发游客参与的兴趣，少数民族的劳作是游客很少接触的活动，既可以使身体得到锻炼，又是一种文化的学习，还可以留下美好的回忆。

（二）打谷壳的文化背景

云南是个多山的省份，大大小小的山头不计其数。其间，长长短短的公路跨江穿涧、钻山出谷，把一座座山峦艰难串起，使边疆不再遥远。山与山之间的大小平地，被云南人称为坝子，西双版纳州的傣族就是在坝子里逐水而居的民族。傣族以种植水稻为主，因天气炎热，双季稻很常见。傣族群众以糯米为主食，水田里的糯稻有的长得比人还高，簇密粒沉的杂交稻与之相比显得很矮小。傣族人在劳动中产生了一种舞蹈，这便是傣族别具一格的"收获之舞"——打谷壳。

（三）打谷壳的文化内涵

打谷壳实指农作物脱粒，农作物脱粒是秋收环节中最让人劳累和兴奋的一个环节。稻谷、荞麦、玉米和大豆等农作物都是需要脱粒后才能加工食用或便于储存的粮食。其中，稻谷、荞麦之类谷物须与茎秆分离才能实现脱粒；玉米颗粒须从玉米棒上剥落才能达到脱粒的目的；黄豆、豌豆、红豆等豆类须从茎秆的壳中崩落才能完成脱粒。可见，不同的农作物需要不同的脱粒方法和技术。早期，人们以用手直接采摘谷物或催赶牛群踩踏谷物的方式来脱粒，但因这些方式劳动功效不大、加重劳动工序等，逐渐被淘汰。后来，在长期的劳作生产实践中，经过数代人的传承和积累，根据谷物的不同特点、各地不同的物产以及不同的使用习惯和方式等因素，云南各民族创造了不同风格的谷物脱粒工具，概括起来，主要有以下几种谷物脱粒的技术和方法。

一是使用各种类型的打谷棍、连枷或木权敲打谷物的穗头来脱粒。其中，滇南和滇西南一带的傣族、佤族和哈尼族等民族喜用打谷棍，而滇中和滇西北一带的彝族、藏族、傈僳族、苗族、怒族等民族爱用连枷和木权。

二是利用掼谷架、掼谷板、掼斗、掼谷箩、打鼓船等不同形制和不同材质的掼谷工具，用手紧抓谷束的茎秆，通过人力摔打谷物穗头的方式来脱粒。

三是借用牛、马等牲畜的力量来拉动碌碡，经碌碡自身重力的反复压迫来实现脱粒。

以上几种谷物脱粒技术和方法大都作用于稻谷、燕麦、大麦、小麦、青稞、荞麦等有穗头的谷物和蚕豆、豌豆、红豆等豆类。打谷壳是采用打谷棍这一工具来敲打谷物的穗头实现脱粒后，清除谷粒中杂物的一项劳动工作。

（四）打谷壳旅游产品特征

1. 运动器械

当田野里的稻谷呈现一片金黄时，收割的时候到了，勤劳的傣族人满怀喜悦、起早贪黑地忙碌，银镰翻飞之处，稻谷一排排铺满田间。收割开始不久后，紧接着便是打谷子，这时壮实的傣族男子扛着一张张特制的大竹篾席和简便的掼谷板走向田间。傣族女子除肩挑箩筐外，还带上傣语叫"狂别"及"宇"的打谷工具。"狂别"的形状如拐杖，它是用多年生的大龙竹的竹枝做成的，但不是所有的竹枝都能做"狂别"，而是选用枝条较直、粗细适中、岔枝节与之成直角的，才可做成如"7"字形的"狂别"用来打谷子；而用竹壳做的"宇"是用来扇除谷子中的杂物的。人们选用几片又大又宽的竹壳，用卵石磨蹭去掉竹壳上的毛刺，再用薄竹条把竹壳四周夹住，然后用细竹丝穿绕扎牢，中间再夹上一根竹手柄，便做成了长约 50 厘米、宽约 40 厘米的"宇"，其形状好似巨型的短柄苍蝇拍。

2. 运动规则

打谷壳主要用的是傣语叫"狂别"及"宇"的打谷工具，分为单人打谷壳、双人对跳和多人参与三种参与类型，将劳动中的舞蹈动作进行拆分教授。游戏主要规则是比赛双方不可碰撞对方身体，根据游客量灵活采用"一局定胜负"或"三局两胜制"，每个谷堆对应相同人数（如各 5 人、10 人）进行展示，配以收获时所唱歌曲，由一组进行打谷壳活动，一组五个动作结束，换另外一组进行接力，主要目的是将谷堆中的杂物用蒲扇扇出去，并保证稻谷是完整的一堆，切记勿将稻谷洒落他处。展示人员展示完毕，稍作休息，并充当裁判，此时邀请游客进行体验，并告知敏感肤质游客最好不要参与此项体验活动，以免引起过敏。

3. 运动技术

打谷壳的时候，人们在田间铺开大竹篾席，放上由两根木头做支脚的一块简便掼谷板。这时，把四周晾晒了两三天的稻穗一捆捆地抱来往掼谷板上用力摔打，使之脱粒，然后把摔打过的稻穗，按根左穗右的方向，扔给大竹篾席四周的人们再次敲打。

双手各拿一根"狂别"左右开弓，用拐杖头敲打稻穗，边打边用双脚配合双手的打击翻动稻穗。伴随着"啪啪啪"的敲打声，身体有节律地扭动，上下舞动

"狂别",脚部自然地一抬一放翻动稻穗,好像不是在劳动而是在跳舞。当大竹篾席上的谷子已堆到一定程度时,人们把掼谷板抬走,这时,两人各拿一把"宇"上场,分站在谷堆的两边,一手叉腰一手举"宇",边用脚把谷子一下下向另一方向翻动,边有节奏地把手中的"宇"左挥右扬,用力扇去谷子中的瘪谷和碎草,左右手轮换、轻松自如、配合默契,举"宇"朝同一方向上下挥舞,同时抬脚翻动谷子,身体随"宇"而动,手舞足蹈,动作潇洒,姿态优美,犹如在舞蹈一般。有的还会在舞蹈的同时唱起民歌,自然地陶醉在"收获之舞"中。

非敏感肤质游客可根据自身舒适度变换着装;皮肤敏感者则最好穿长款服装,切勿使谷物接触皮肤,必要时放弃此次体验。根据个人体质差异,建议有呼吸道疾病者不要参与此项体验性项目。每位参与者要紧握活动器械,勿使器械脱离双手,以免给体验者和旁观者带来安全隐患。

4. 游客参与方式

在保障游客安全的条件下,有组织、有步骤地引导游客参与此项活动,参与方式为群体参与,可以组织游客分成两队,由村寨居民带头,进行比赛,看哪一队先完成任务。游客通过这项活动不仅可以锻炼身心,还可以交流感情,体验傣族人民收获之时的喜悦心情。

5. 存在问题与改进

(1)场地的设置

作为旅游项目,打谷壳的场地可以选在寨子的中心位置,但若要真正体验人们记忆中真实的打谷壳,则须将此项运动安排于稻田附近,可将打稻谷与打谷壳等活动连续起来。由于受生产活动季节性的限制,活动场地可进行如下安排:①稻谷成熟季节,将运动地址选在稻田旁边;②在稻谷生长期及土壤修整期,可另行将打谷壳活动安排在寨子中心位置进行。

(2)活动器械的改进

从整体上来看,西双版纳全年温度较高,在高温情况下,因为手部汗液可能导致木质手柄脱离手部滑出,所以应在木质手柄上面加上防滑套以免发生危险。

(3)运动安全

由于谷物会引起敏感肤质游客过敏,应采取将皮肤与稻谷隔离开的方法,让每一位游客都能在无后顾之忧的情况下参与此项体育活动。表5-7展示了傣族打谷壳体育旅游产品开发特征。

表 5-7　傣族打谷壳体育旅游产品开发特征

产品化开发方法	运动场地	运动器械	运动技术	运动规则
保存	村寨、寺院	竹篾席、稻谷、"宇"、"狂别"	手、脚的运动节律分明，躯干、手、脚的协调	男性或女性单人、双人成对
转化	旅游环境	简单、易行、轻便、干净	节奏明快，具有舞蹈的优美和节奏感，而非只是劳作过程	不受限制
修复	村寨中风景好、场地宽阔，方便集体活动的场地	根据传统打谷壳运动的要求和产品需要，恢复其表现力	道具的运用更方便、易上手，动作简化且具有一定标准与美感	男性、女性共同表演
更新	表演舞台可以是村寨中的舞台和村寨中适合集体活动的场所，也可以是有专业舞美的舞台	加强可操作性，动作设计优美，手脚协调，更方便活动，减少运动中道具的束缚	节奏感鲜明，融入现代游客修身养性、对传统生产活动的体验要求，男性与女性动作技术的融合	人数适当，两队人数相同，控制时间，每队人数和体验时间不宜过长

　　此外，由于打谷壳的工具制作工艺较为简单、实用，所以在进行旅游产品设计时，除了考虑这两个特点外，还需加入艺术性，以提高产品的吸引力。例如，鉴于"狂别"结实的材质，可将其制作成"拐杖"，以供青年、中年、老年游客购买；在"宇"的制作中加入傣族特有元素竹子和孔雀，使其既具有审美价值，又具有艺术价值。

　　打谷壳是傣族人民生产、生活方式的一种"活化石"，表达出傣族人民勤劳的精神品质和在劳动中创造出来的智慧，更是一张能够代表傣族的明信片，傣族人民也必将能用他们的智慧创造出更加美好的生活。

三、参与型体育旅游产品——傣拳

　　广义的傣拳是指傣族武术，狭义的傣拳是指傣族武术中不带器械的拳术，这里指的是广义的傣拳。

（一）傣拳的产品开发类型

　　武术是中外游客都比较痴迷的旅游产品，傣族人从飞禽走兽的神态中吸取武韵，从山林碧竹那里创造傣拳的精髓。傣拳具有纵舞娱乐的性质和健身防卫的功能，其开发正好可以满足游客修身养性以及娱乐的需求，游客都有学个一招半式的愿望，因此都愿意参与进来，将其开发为参与型体育旅游产品非常合适。

（二）傣拳的文化背景分析

自然环境是一个民族赖以生存和发展的物质基础。傣族主要居住于坝区河谷区域，水土肥美，生活相对富庶，因此武术内容以娱乐、游戏为主，体现出娱乐性、休闲性和健身性。由于傣族地区的自然环境地貌的特殊性，以及族人领导对于族人生活质量的不断要求，有时为扩大领地，部落之间、寨子之间时常发生纷争。于是，傣族武术技能在斗争中不断得到发展。随着历史的发展，战争中所使用的傣族武术后来逐渐成为健身防身运动。据记载，《马可·波罗游记》之中马可·波罗队当时对傣族的描述是：族中男子皆为武士，每日除战争、游猎、牧马外，不再做别的事请。时至明代，《滇略》卷九中也有载："威远州今尽为僰人，男女勇健，走险如飞"。由此可知，傣族人民为了生存，在日常生活中采集、狩猎以及与自然相斗争的过程中，模仿动物的形态、神情等，历经悠悠岁月，逐渐发展为现在独特的傣拳。云南傣族自古就有尚武、习武的物质和文化基础。在傣族民间说法中，傣族男子一生有三件必修课：出家学文、文身避邪、习武强身。其中，文身和习武两项就与傣拳息息相关。傣族的男子自幼就要向傣拳大师学习，至弱冠之年就已掌握拳、枪、棍等技艺，并可以用来打猎防兽，强身御敌。例如，傣族的孔雀拳、象牙拳等蕴含人与自然的和谐精神，表达了傣族人民对自然万物的图腾崇拜之情，具有丰富的文化内涵以及鲜明的人文特征。

傣拳早在傣族达光王国时期已见雏形。到了南诏王国时期，由傣族子弟组成的"白衣没命军"已是南诏最精锐的作战军队。傣族在南诏王国时期就有秋后练习武术、刀剑的军事制度。应该说，武术当时在军事上发挥了十分重要的作用。近年来，人们从西双版纳州勐海县勐遮镇勐遮街的缅寺中发现部分反映傣族武术的壁画，有练拳的，有练刀枪的，从中可以看出昔日傣族武术的兴盛。傣族各村寨都有民间教头，每当农闲季节，武术都作为强身健体的娱乐活动遍布村村寨寨，走进傣家，不少傣族男女都会舞手蹋脚，摆出几个架势。傣族另有一类武术性舞蹈，产生的年代也很久远。在历史上，傣族成年男性，平时是农奴，战时是士兵，必须学会一些舞弄刀、枪、棍、拳的技能和套路，以备防身和参加战争，以此表现自己的勇敢与机敏。但如今他们习练的刀、枪、棍、拳，已融进了向其他民族学习的套路，如拳术就有本地拳、外地拳、缅拳、泰国拳等不同风格流派，表演时还用鼓等进行伴奏，发展成了舞蹈化的武术。

（三）傣拳的文化内涵

1. 仿动物生态运动技术

傣拳是傣族人民智慧、勇敢的象征，有着浓郁的生活气息和广泛的群众基础，千百年来深受傣族人民喜爱，因此，傣拳也有"凤凰拳"的美称。傣族是全民信奉佛教的民族。傣族人民特别崇拜力量，他们认为"力中有美，美中有力"。狩猎能手往往敢于跟猛兽搏斗，最终战胜猛兽，这就是美；而懦弱者蹲在寨子里，连小猎物也不敢捕捉，这就是丑；守卫村寨的英雄能英勇杀敌，即使身体残缺，也是美；懦弱者不敢与敌人斗争，怕被敌人活捉而得以生存，这是丑。所以，傣族人非常崇拜英雄。傣族人认为世间万物都有灵，风、雨、雷、电等自然现象有灵魂，各种动植物也有灵魂，因而傣拳的每一招、每一式基本都从各种飞禽走兽的形神中吸取出了武韵，于山林碧竹之中缔造着精髓。例如，大象拳、孔雀拳、象牙拳、喜鹊拳、龙掌拳、马鹿拳、公鸡拳、鸭形拳、鹞鹰拳、老鹰晒翅拳、老虎抓腰拳、美人拳、二龙抢珠拳、野牛拳、青蛙拳、虎拳、蛇拳、鸭形拳、猴拳、鹭鸶拳等，在演练时也别有风趣。而大象、孔雀和水，在傣族人民的精神和物质生活中占有更重要的地位。物质决定精神，反映在文化生活上就形成一种特定的文化现象。傣族人民喜欢它们，崇敬它们。傣族家里的神龛旁都会挂一把长剑，象征着阻挡邪气，护卫家庭，每一把正规的剑必须经过高僧或长者的念经加持并洒过净水才完整。

2. 图腾文身

民间的傣拳应该是由傣族人民普遍、广泛认同的，习傣拳之人还要有文身，文身代表漂亮、勇敢，且他们身上的文身各式各样，有龙、虎、鹰、马等各种图案及巴利语文字与咒语等，遍及全身的文身在部落中意示勇敢，傣族男子的文身是用植物刺身染上植物染料而成，全身从头到脚地纹饰，痛苦难忍，通常情况下会红肿1～2个月，能够深受如此疼痛的男子被部落认为是世上最勇敢的男子，女人热爱这种勇敢与英武。在部落欢庆的日子里，人们总是排成长队，有文身的傣族男子成为领队，排在队伍的最前面，在村落中游行，到村落开阔处或者缅寺周边集体活动的地点，领队的傣族男子脱掉衣服露出文身，边炫耀文身边表演傣拳，村民围成圈观看。在西双版纳州勐罕镇，两位傣拳表演者的文身一般是成对出现的，一个是虎，另一个就是龙。村民们围成圈打着节奏，喊着口号，把傣拳表演推向高潮。随着时代的进步和外来文化的影响，现在习傣拳者文文身的数量已经减少。傣族武术文化具有民间性、原生性。原生性是指其武术文化与生产、生活和宗教信仰密切相关。民间性是指在整个创作过程中，傣族群体成员都参与。在民间，学习傣拳需要拜师，学徒每人凑几箩稻谷作拳师酬金，还轮流给拳师供食，然后由拳师专门进行教授，而招收徒弟也要举行一个正规入门仪式，设香坛，供天地祖师，拜师父。学习傣拳通常是先学基本功的要领，再学击拳套路，最后，拳师指明人体部位，进退的步法为三点式，它以指、掌、拳、肘、脚掌、脚跟、膝变换挡、击，招式独具民族特点。

（四）傣拳体育旅游产品的特征

1. 运动器械

傣刀在生产工具短砍刀的基础上，逐步发展成为长刀。这种刀极为锋利，既是劳动工具，也是练功和自卫的武器。伴随着现代人们思想观念的改变，打铁制刀剑等手工作坊生产深受冲击，加之传统工艺过去只限于家族内部传承，到了现在后继乏人，傣族铁艺技艺普遍没落，不少工艺绝活已经绝种，急需发掘与保护。

2. 运动规则

（1）配乐演练，武舞合一

傣族在演练拳术时，几乎都配有乐器，武舞同练。傣族人练拳时，要举行入场仪式，队伍前面是一对或几对男女青年跳着孔雀舞，后面跟着挥舞刀、枪、棍棒的男青年，绕场一周，然后逐项演练。在演练形式上，可以一人或多人在中间跳孔雀舞，其余人员围绕圆圈练拳，也可以一人或多人跳象脚鼓舞，伴随着一人或多人练拳，非常活泼有趣。

（2）韵美柔婉，节奏鲜明

傣拳的套路大多为先辈所传，极富有刚柔相济的韵律感，而不像其他中国传统武术的动作那样刚劲或轻柔。傣拳以柔美、细腻见长，柔软起伏的身体极富雕塑感。

（3）多仿生拳术，象形取义

傣拳内容丰富，拳种数量众多，以模仿各种动物而创立的仿生拳是傣拳中的一个重要特色。例如，孔雀拳、喜鹊拳、公鸡拳、白象拳、鸭形拳等，演练时别有风趣，时而像小鹿逗趣，时而像大象鼻战，时而又像野牛角斗。

（4）架底势小，刚柔兼备

从技术体系上看，傣拳可分为徒手技术、器械技术和远射技术三个主要部分。徒手技术属短打型，多手法，少腿法，多低姿，少跳跃。器械技术多为近身动作，紧凑贴身、快速灵活善变，放长击远和大扫转动作极少，招式明快，套路短小精悍。全套动作都保持低姿，没有大的起伏，便于进攻和后退。刚柔相济，以柔克刚，以柔为主。攻防结合，变化多端，招招绵里纳针，若行云流水，体现了鲜明的民族特点和滚滚不息的内在功法。[①]

3. 运动技术

傣拳注重基本功训练，要求学习者手脚灵敏，判断准确，有兔子般的听力和鹰一般的眼力。在实战中，以徒手对打、刀棍对决最为盛行。步法以十字形或圆形来回运动，忽快忽慢，刚柔并济，往往在优美的动作中"暗藏杀机"。

傣拳套路较多，按固定的布局进行演练，起式后，先从一方练起，然后回到中心，再从另一方练起，又回到中心，依次连续练完各方回到原位便算结束。傣拳有固定的形式，行走路线分东、南、西、北4个方向。起式后，马步抢球侧端冲拳、右转身冲拳、左上步冲拳、退步连环两拳，转身下砸侧踢接着又连环三拳，转左右手下砸。如从东开始，然后到南，到西，到北，最后回到原位收式。拳术招式不多，多为重复动作。傣拳拳架忽高忽低，步法以弓步、马步、跪步为主，腿法较少，并多用低腿，手型以掌、拳、空心拳为主。

4. 游客参与方式

傣拳与游客的互动可根据傣拳的操练形式分三种方式进行。

1）单练。教游客一些傣拳中固定的、简单的拳式，如象形拳中的孔雀拳、象牙拳，通过这些模仿动物形态的招式让游客清楚傣拳的"出身来历"。

2）对练。由一位拳术师傅与一位游客进行"切磋"，在对练中使游客学习一些进攻、躲避、防卫的招式。

3）群练。由一位拳术师傅带领，游客可与自己的家人、游伴或者陌生游客一起体验，在获得更多快乐的同时使人与人之间的关系更加融洽，从而创造更好的旅游环境氛围。

[①] 郭振华，田祖国，郭志禹. 2011. 论傣族武术文化的嬗变与当下意义. 搏击（武术科学），8（6）：19-21.

5. 存在问题与改进

1）问题。傣拳是傣族人民在长期的生产劳作之中通过实践慢慢形成的。作为傣族民间文化运动瑰宝的傣拳曾经是每个傣族男人都会去练习的。但目前，傣拳这一传统文化瑰宝的后备人才面临断层的危机，这会导致在旅游项目开展时，缺乏教授的拳术师傅，不利于旅游业的进一步发展。同时，游客在参与这项民族体育运动项目时，傣拳的连贯性与不易分解性可能导致游客学习起来比较困难，参与力度大大小于观赏力度，不利于傣拳的传承。表 5-8 展示了傣族傣拳体育旅游产品开发特征。

表 5-8　傣族傣拳体育旅游产品开发特征

产品化开发方法	运动场地	运动器械	运动技术	运动规则
保存	村寨、寺院	傣刀、铓、镲	保持低姿，多手法，少腿法，少跳跃，快速灵活	男性单人、双人对练
转化	旅游环境	安全、轻便、美观	简单易学，具有仿生态美和节奏感	不受限制
修复	村寨中风景好、方便集体活动的场地	根据傣拳的传统、精髓以及表现状态恢复表现力	道具的运用更具有安全性、表演者更具有熟练性、灵活性、连贯性	男性表演
更新	表演舞台可以是村寨中的舞台，也可以是有专业舞美的舞台	更加安全、可操作，手脚更方便活动，使运动更加不受道具的束缚	节奏感鲜明，融入现代游客审美要求和学习要求，动作多样，难度降低	不限人数，不限性别

2）改进。首先，充分利用现代科技，通过影像、专家解说等手段建立传承人图文信息数据库等。其次，在维护文化传承、拓展文化空间的要旨上，学校教育不仅需注重民族文化的传承性，而且要积极发挥民族文化的多样性，将传统武术纳入学校是教育传承的重要环节。此种方法不仅可以在一定程度上拓宽传承面，而且可以在其中选出优良种子加强培养力度。在游客的参与上，可以将傣拳进行精简，降低难度，提炼出一套可以让游客参与体验的、易学的傣拳。

四、康体型傣族体育旅游产品——团结舞

（一）团结舞产品开发类型

所谓康体型体育旅游产品，即借助一定的简单器械、场所，在愉快的气氛中促进身体健康的活动项目产品。将团结舞开发为康体型体育旅游产品，一方面可

以让更多的游客通过直接或间接体验参与到团结舞学习中，促进游客健康，增强游客体质，另一方面可以塑造体形。

（二）团结舞的文化背景

傣族团结舞是傣族古老的民间舞，也是傣族人民喜爱的舞蹈，流行于整个傣族地区。傣族团结舞种类繁多，形式多样，流行面非常广，并各有特点。代表性节目总体可分为自娱性、表演性和祭祀性三大类，团结舞兼具表演性和祭祀性。团结舞即傣族"嘎光"，"嘎光"系傣语，"嘎"为跳或舞，"光"泛指鼓，也有集拢、堆积的意思。"嘎光"可译为"围着鼓跳舞"，也可译为"跳鼓舞"。西双版纳称其为"凡光"，有很多地方又称其为"跳摆""宁摆"等。此舞是在年节喜庆时，不分男女老少，不分场地，都可以跳的自娱性舞蹈。团结舞以象脚鼓、镲等民族打击乐器为伴奏，但有的地方，敲象脚鼓、镲的人也参加舞蹈，并且带领众人围圈而舞。过去跳团结舞时，众舞者可以随心所欲地各自发挥，只求热烈欢快，现已发展了很多统一的动作和套路，各地的动作和套路的名称也不尽相同，并且已派生出一些舞蹈节目，如青年人跳的"新嘎光"就有 30 多套，还有 2 名中老年妇女抬大铓跳的"嘎铓央"以及老年男子跳的"嘎温"（软舞）等。

（三）团结舞的文化内涵

傣族现存的民间舞蹈有团结舞、象脚鼓舞、孔雀舞等 30 余种。团结舞是傣族众多传统舞蹈中很具代表性的舞种。傣族人认为团结舞象征幸福、吉祥，每逢宗教或民族节庆，都要云集一堂，围绕大佛欢喜地跳团结舞。团结舞是我国民族传统舞蹈文化中的重要组成部分，内容丰富、形式多样、风格迥异，是傣族传统艺术精华，是傣族舞蹈的重要表现形式，它既能展现傣族的社会风貌和积极向上的生活，又能客观展现出傣族由简单向复杂转变的思考模式、心理演化以及审美水平发生转变的发展规律，从傣族舞蹈的传承与发展角度出发，用继承与发展傣族舞蹈的方式开发体育旅游产品具有重要意义。

将团结舞开发为旅游产品时，要充分尊重民族舞蹈，尽可能地保持团结舞的完整形态，将其舞蹈形式、舞蹈的文化内涵多层次地传承和保存，要尽可能保存其原貌，不能将民族舞蹈改变得面目全非，甚至胡编乱造。

（四）团结舞旅游产品特征

1. 运动器械

傣族人民在举行泼水节时通常会在象脚鼓、锣、镲等乐器的伴奏下跳起优美的团结舞。

（1）象脚鼓

象脚鼓是傣族的重要民间乐器。象脚鼓外形似一只精美的高脚酒杯，它是用一整段木材（或几块木料拼粘）制作的，通体中空，上端是杯形共鸣体，鼓面蒙皮，鼓皮四周用细牛皮条勒紧，拴系于鼓腔下部，并可调节其松紧度。鼓身外表涂漆，鼓腰和鼓的下半部雕有装饰图案，有的还在鼓身上系有花绸带和彩球。象脚鼓鼓身常有图饰，图形多为孔雀，有的象脚鼓在舞动中还会被插上几根孔雀羽毛，因为孔雀是傣族人最珍视和喜爱的鸟类，代表着吉祥如意，表现了傣族人对美好生活的向往和追求。象脚鼓造型似大象的足，而大象在傣族人的心中象征五谷丰登、生活美好。象脚鼓的敲奏方法十分丰富，往往随表演情绪需要而指、掌、拳、肘、脚并用，鼓点纷繁多变。鼓手边敲边跳，不时做出摆鼓、甩鼓、摇晃转身等动作，十分诱人；鼓手夹鼓于左胁下，双手击鼓面。击鼓前，要用糯米饭滋润鼓面，使鼓声洪亮悦耳；鼓手边敲鼓边舞蹈，鼓声时紧时缓，节奏明快。鼓手是整个舞蹈的组织者和指挥者，人们随着鼓声欢快地舞蹈，舞姿婆娑，变化万千。

（2）锣

锣可以分为大锣、小锣、云锣、十面锣等。大锣的声音洪亮、强烈、力度变化大；小锣的声音清脆，有诙谐色彩；云锣是有节律的打击乐器；十面锣是由十几面大小不等，音色、音高各不相同的锣悬于木架上，由一人独奏。锣由锣体、锣架（锣绳）、锣槌三部分组成。锣体因用"响铜"制成，故也有"响器"之称。锣身为一圆形弧面，多用铜制结构，其四周以本身边框固定。锣属于金属体鸣乐器，无固定音高。其音响低沉、洪亮而强烈，余音悠长持久。通常，锣声用于表现一种紧张的气氛和不祥的预兆，具有十分独特的艺术效果。

（3）镲

镲是一种民族乐器，流行于全国各地。傣族团结舞表演时常用的为小镲，是由两个圆形的铜片（直径15～69厘米）互相撞击发声的。镲面较平，厚度比铙略

厚，中部碗小顶圆。通常，面径为 12～20 厘米，碗径为面径的 2/5，碗高为 1.5～
2.5 厘米，碗顶钻孔系以绸布，两面为一副。演奏时，发音清脆明亮，常用于佛教、
道教音乐和文娱、宣传活动中，是傣族重要的节奏乐器。

2. 运动规则

在旅游产品项目中，团结舞以表演的形式供游客欣赏和观摩。其基本规则为：
熟悉步伐，掌握手型，巧妙应用"三道弯"。

3. 运动技术

1）手型。在团结舞表演中，手型是基本动作要领，基本手型为掌型（大拇指
和四个指头使劲分开，手指向后勾，分托式掌、站式掌）、曲掌型、冠型（模仿
孔雀头）、嘴型（模仿孔雀嘴）、爪型（模仿孔雀爪）等，还有一种是嘴式手型，
即大拇指翘起，食指弯曲，其他手指翘起，这种手型不是很常见，这是关于手的
"三道弯"。

2）步伐。在团结舞表演过程中，其基本步伐分为正步、丁字步、小之字步、
大之字步、小八字步、大八字步、小踏步、大踏步、中踏步。

3）身形。团结舞表演身形主要展示傣族"三道弯"，"三道弯"充分展现了
傣族舞蹈的特色，优美动听的舞蹈旋律结合婀娜的舞姿，表现出傣族人民朴实、
大方的气质，其基本要领为：手臂与臀部不能在同一方向，通过手臂与臀部的不
同方向，展示出傣族女性婀娜的舞姿。"三道弯"除了用简单肢体语言来表达思
想及意义，还会融入有难度的肢体动作和技巧来传情达意，更深层面地去演绎肢
体语言，更精细地刻画出人或物的形象特征。因此，"三道弯"不仅是对线条凹
凸起伏的界定，还有数量多少、大小区别方面的界定，更是对曲线状态的一种
赏喻。

4. 游客参与性

（1）直接体验

游客进入傣族村寨，观赏傣族团结舞，增加触觉体验。触觉本身会引导人们
深度体验。例如，看到团结舞，游客倾向于想要去学习，想要参与其中跳团结舞。

（2）体验方式

在游客观赏团结舞以后，领舞的傣族姑娘分解基本动作，教游客学习基本动
作，学习过程具体分为手型学习、步伐学习、身形学习。

5. 存在问题与改进

传统的傣族舞蹈传承通常注重舞台表演形式，其局限性在于游客难以亲身体验，在直接体验（学习）和间接体验（观看）团结舞时，可根据具体情况选择适当的场地，给予足够长的体验时间，以便更多游客学会团结舞基本舞步和舞蹈技巧。结合团结舞的特征，将团结舞引进游客体验模式进行传承，其目的在于让傣族团结舞得以更好地传承与发扬。表 5-9 展示了傣族团结舞体育旅游产品开发特征。

表 5-9　傣族团结舞体育旅游产品开发特征

产品化开发方法	运动场地	运动器械	运动技术	运动规则
保存	村寨、寺院	采用基本乐器象脚鼓、锣、镲等进行伴奏	熟悉步伐，掌握手型，巧妙应用躯干、手、脚的"三道弯"	单人
转化	旅游环境	使器械更轻便、美观	舞步柔婉、节奏明快，具有雕塑和仿生态美	不受限制
修复	村寨中风景好、方便集体活动的场地	象脚鼓、锣、镲	柔和性，道具的运用更具有辅助性，舞步柔软、轻快	单人
更新	村寨中任何可以容纳多人的场地	象脚鼓、锣、镲，准备优美的伴奏乐即可	节奏感鲜明，舞态优美，融入现代游客审美要求	不限人数，不限性别

五、传承型体育旅游产品——象脚鼓舞与丢包组合产品

（一）象脚鼓舞与丢包组合产品的开发类型

丢包是傣族由来已久的民情风俗，花包是爱情的信物，而象脚鼓是傣族古老的民族乐器，拥有美丽的传说，二者传承至今，已有很久的历史。二者是少数民族传统文化的一部分，我们有必要而且必须将其传承下去，因此，将其开发为传承型体育旅游产品，可激起人们的保护意识。

（二）象脚鼓舞与丢包组合产品的文化背景

1. 丢包

丢包是傣族未婚青年的专场游戏。丢包之日，未婚男女青年在寨旁的草坪上或椿树下集中，分别列阵各站一边，女青年手握花包提绳轻甩几圈，再向男青年甩去。见花包飞来，男青年争相抢接，男青年得到花包以后，也仿效女青年的模样，轻甩几圈花包，再"嗖"地掷出，让女青年抢接。

2. 象脚鼓舞

象脚鼓是傣族古老的民族乐器。明代人钱古训写的《百夷传》一书说，傣族"以羊皮为三、五长鼓，以手拍象脚鼓"①。这里所说的"三、五长鼓"指的正是象脚鼓，其长度为三尺至五尺。在明代以前，傣族就已经有了象脚鼓。傣族民间流传着一个故事。很久以前，傣族地区年年以洪水为患，人们不得安居乐业，后来才知是一条蛟龙作孽。一个勇敢的傣族青年立志为民除害，他在乡亲们的帮助下，终于杀死了蛟龙。在庆祝胜利的时候，人们为了表示对蛟龙的憎恨以及对幸福生活的憧憬，就剥下蛟龙皮，仿照象征吉祥如意的白象的脚，做成了象脚鼓。从此，象脚鼓的咚咚声响彻傣族村寨，表达出傣族人民的欢乐心情。在傣族人民的心目中，百兽中的大象和百鸟中的孔雀都是吉祥的象征。因此，每当象脚鼓敲响之时，男女老少都欢快地跳起舞来。

（三）象脚鼓舞与丢包组合产品的文化内涵

1. 丢包

丢包，早在明代便已盛行，现在成为傣族庆祝新年来临的庆典活动之一。每当傣历新年来临之际，各村寨的未婚女子便买来花布、丝线、花边，缝制花包。经过几番试探性的抛掷之后，心有灵犀的男女便结对对丢。这时的花包已成为传递感情的使者，带着情与爱飞向对方。两人对丢一段时间以后，便悄然离开丢包场所，隐于林木之中，或溪泉岸畔倾心交谈，最终坠入爱河，变为情侣。花包为妙龄女子和多情男子牵线搭桥，使一对又一对有情之人结为伴侣，共度恩爱人生。从前的丢包活动由当地土司主持，参加丢包的男女穿戴一新，由"乃少"（女子头领）、"乃冒"（男子头领）带队在丢包场云集，各在一方相互抛掷，接住花包者可得一份赏钱或一束鲜花。公子、王孙借机选美，使丢包活动具有娱乐求爱性质。如今的丢包活动是欢度新年的重要活动内容之一，是傣族的一项民间文化活动，在每年的傣历新年期间以及其他重大的节庆场合举行，参加活动的人仍然是未婚青年男女。这是傣族青年寻找意中人的一种方式。首届中、老、越三国丢包狂欢节于 2009 年 10 月 3 日上午在江城举行，丢包是整个狂欢节的主打项目。

2. 象脚鼓舞

人类的生命延续就其生物性而言，需要与人类生存环境中的其他生物进行经

---

① 冯百跃. 2008. 傣族的"泼水节"与象脚鼓舞. 南京艺术学院学报（音乐与表演版），（1）：116-121.

验的交换。傣族对大象的崇拜渗透到傣族社会生活的各个领域，是贝叶文化的一个重要组成部分，象脚鼓舞是傣族在艺术方面对生灵崇拜的表现。象脚鼓舞是傣族舞蹈中流传最广、最有特色的一种群众性男子舞蹈。因人们挎着象脚鼓起舞，故称之为象脚鼓舞。象脚鼓舞在傣族的文化生活中占有重要位置。每当工余、节日或赛鼓盛会，身背象脚鼓的小伙子从各村寨赶来，跳起矫健、浑厚、灵活的象脚鼓舞。哪里有象脚鼓声，哪里就有欢乐的人群。

象脚鼓舞是从原生态舞蹈中所解读出的傣族祖先经往昔岁月的集体经验凝聚而成的原始意向，是傣族先民在捕象、训象、养象等一系列活动中感受和创作出来的。象脚鼓舞成为傣族文化的重要部分。2008 年，傣族象脚鼓舞被列入第二批国家级非物质文化遗产名录。西双版纳州文化馆对象脚鼓舞的自然环境、社会环境、表演技艺等方面进行记录，建立档案，保护象脚鼓舞文化；在景洪市、勐海县、勐腊县举办象脚鼓舞培训班，培养象脚鼓舞艺人；在景洪小学开设象脚鼓舞鉴赏和训练课，使象脚鼓舞等傣族传统舞蹈的传承后继有人。

（四）象脚鼓舞与丢包体育旅游组合产品的特征

1. 运动器械

（1）花包

用约 16 厘米见方的花布做成的布袋盛满棉花子或其他粒状物，一条 1～1.3 米长的布带垂在一角，四角和中心缀五条花穗。

（2）象脚鼓

象脚鼓是因鼓身似象脚而得名，有大、中、小三种。大鼓是象脚鼓中最高大的一种，傣语称其为"光亚"，一般高 130～160 厘米，最高的达 190 厘米，鼓面直径 30 厘米左右。傣语称中鼓为"光吞"，是象脚鼓中用途最广的一种，鼓高 60～95 厘米，鼓面直径 23～28 厘米，鼓底直径 23～31 厘米，中腰最细处直径 11～15 厘米，常用于象脚鼓舞或节日庆祝。小鼓外形有如矮脚杯状，高仅 30～40 厘米，鼓面直径 10～15 厘米，轻便小巧，音质清脆，是舞者自携的道具和伴奏乐器，应用不如大鼓、中鼓广泛。

（3）铓

铓为伴奏乐器，因锣脐突起呈乳状（半球形），而有乳锣、奶锣、包包锣之称，通体用青铜铸成，呈圆盘形，铓面不平坦，边缘部分有一圈突起，铓边比锣稍宽，由 5 个由大至小的铓组成，铓体大小不一，规格较多。常见的铓一般可分为大、中、小三种。

2. 运动规则

第一步：游客观看；第二步：邀请游客参与丢包和象脚鼓舞的游戏。该项目可由一名主持人、三名裁判（由象脚鼓的个数和游客的数量决定）和偶数个游客参加。

两个游客相距 10 米，一个游客负责打象脚鼓，打 10 下后，由对面的游客向打鼓的游客丢包，打鼓的游客接到花包后，再向丢包的游客回丢。两个游客都互相接到对方的花包，就得 1 分。由主持人计时 1 分钟，计算哪一组的游客接到花包的次数最多，则算赢，可获得一个花包作纪念。丢包过程由裁判监督。

3. 运动技术

动作要领：跳象脚鼓舞的步法有原地左右摆动、冲步、走步、踏步、蹬跳步及小踹腿转身等动作。象脚鼓的打法多变，有一指打、二指打、三指打、掌打、拳打、肘打，舞至高潮时，甚至用脚打、用头打。不同的打法可打出各种不同节奏、音色的鼓点。游戏中的打象脚鼓，要踩到鼓点的节奏，四指合并打鼓心。丢包，即拉着花包的绳子，使花包在空中匀速旋转，由一定的惯性把花包丢出去，丢包切勿过于用力，要控制好手的力度。

运动要求：①打鼓的一方必须打足 10 下，丢包者方可丢包，若未打足 10 下，则不算分；②游客双方都接到花包，才算一分，双方只接到一次，不算分；③丢包应把花包甩至空中旋转方可丢出，直接丢包，不算分；④丢包双方都必须站在10 米线外丢包，但可在 10 米线内接包，若在 10 米线内丢包，不算分。

4. 游客参与

游客可体验参与象脚鼓舞，以及丢包和象脚鼓舞组合的游戏，体验跳象脚鼓舞和丢包与打鼓的乐趣，更加深入地了解傣族丢包与象脚鼓的文化。

5. 存在问题与改进

1）由于游客过于用力，花包的甩线很容易被甩掉，因此要准备足量的花包。

2）很多游客不认真听游戏规则，因此主持人应该有耐心地讲解和示范，若仓促开始会导致游戏场面混乱。

3）在游戏未开始之前，很多游客拿到花包就开始甩，导致场面混乱，主持人应讲清楚在比赛开始前给大家几分钟的尝试丢包的机会。

4）丢包与象脚鼓舞组合的游戏，需要宽敞的场地。在舞台上丢包，一是会丢到顶部的灯上，二是会丢到外面的空地上。因此，需要一个面积较大且没有房顶的场地。表 5-10 展示了傣族象脚鼓舞与丢包组合体育旅游产品开发特征。

表 5-10　傣族象脚鼓舞与丢包组合体育旅游产品开发特征

产品化开发方法	运动场地	运动器械	运动技术	运动规则
保存	村寨、寺院	花包、象脚鼓、铓、镲	提花包绳顺时针旋转起来并丢出；根据镲、铓节奏及鼓点起舞	丢包者为男性
转化	旅游环境	使器械更结实、轻便、美观	简单易学，且娱乐性强	不受限制
修复	村寨中风景好、地形平坦、方便集体活动的场地且高度不限	根据傣族传统丢包习俗和各地象脚鼓舞表演形式恢复表现力	道具的运用更具有安全性、美观性，表演者更具有熟练性、灵活性、连贯性	不限人数，不限性别
更新	表演舞台可以是村寨中的舞台，也可以是有专业舞美的舞台且舞台顶高	更加安全、可操作，手脚更方便活动，使运动更加不受道具的束缚	节奏感鲜明，融入现代游客审美要求和学习要求，动作多样，难度降低，具有较强娱乐性	不限人数，不限性别

第六章

云南少数民族体育旅游资源产品化
开发技术规程

第一节　云南少数民族体育旅游资源
产品化开发项目的选择

一、云南少数民族体育旅游资源的调查和分析

（一）构建少数民族体育旅游资源谱

首先，全面收集资料，系统整理某一地区的少数民族体育旅游资源，形成资源谱基本信息表格。表 6-1 以竞技类游泳比赛项目为例，列举资源调查信息。

表 6-1　资源谱调查表格示例

类	属	元	分布	背景	人数	运动规则	人员分工	器械种类	运动技术
竞技类	多人比赛属	游泳比赛	西双版纳州、德宏州等	爱水，依水而居	多人	从岸边同时出发，先游到对岸为胜	裁判若干人，其余为参赛者	无	侧泳，左右交替游，可避浪

（二）分析少数民族体育旅游资源项目特征的六个维度

少数民族体育旅游资源项目特征的六个维度为展现时间、运动场地、文化背景、运动技术、运动规则、器械特征。

1）展现时间。少数民族体育旅游资源有的是在定期的节事活动中展现，有的在日常生活中就能看到，因此少数民族体育旅游资源的展现时间是指各项有特色的民族体育项目所呈现于外界的特定时段。

2）运动场地。少数民族体育旅游资源有的受地域、地势的限制，有的不受场地局限，于田间地头、房前屋后皆可表演，因此少数民族体育旅游资源的运动场地指的是其运动的空间背景。

3）文化背景。少数民族体育旅游资源的魅力在于其独特的地域、民俗、历史文化传承，因此每一项少数民族体育旅游资源都会有其可挖掘的文化背景，一个个生动的故事展示了一个个项目背后蕴藏的文化底蕴。

4）运动技术。少数民族体育旅游资源的运动技术是指参加不同的少数民族体育项目的活动，需完成不同的动作，即需要学习和掌握不同的技术。合理的、正确的运动技术须符合项目运动规则的要求，有利于民族运动员的生理、心理能力得到充分的发挥，有助于运动员取得好的竞技效果。运动技术是指完成体育动作的方法，是运动员竞技能力水平的重要决定因素。

5）运动规则。少数民族体育运动规则是各个体育项目自身的游戏规则，是人们在体育运动中形成的决定体育参与主体行为的一种规范性文化现象，它包含着顺应社会文明化进程与各民族发展的不同要求和价值标准。

6）器械特征。器械特征是少数民族体育旅游资源中所使用的各种器械、装备及用品的特征。体育器械与体育运动相互依存，相互促进。质量优良、性能稳定的少数民族体育运动器械不但可以保证少数民族体育运动在公正和激烈的情况下进行，还为促进少数民族体育运动水平的提高创造了必要的物质条件。

（三）方法示例——象脚鼓对踢

展现时间：每年节日庆典。

运动场地：各种公共场合。

文化背景：象脚鼓对踢是傣族地区流行的游戏。每当栽秧后和丰收时节，人们就对踢象脚鼓以示庆祝，象脚鼓对踢既是一种游戏，又有社群中男人勇猛的象征意义。

运动技术：击鼓时，两人对打对踢，以跳跃、转身、下蹲、躲闪等动作伺机对踢。整个身子随着鼓声一起一伏，步法有脚跳、弹腿跳、撩腿、悠腿等，并间以错步、弓步、点步、旋转等，既击鼓擂声，又对踢较力斗计。

运动规则：通常为双打对踢或者集体对踢。

器械特征：象脚鼓是傣族最重要的乐器，制作材料为原木、牛皮、牛皮绳，掏空原木用的工具现在多为电动车木工具。根据人们的需要，象脚鼓可大可小，制作工艺复杂。

二、云南少数民族体育旅游资源产品化开发的资源定量评价

（一）评价指标体系和评价内容构建的步骤

1）依据《旅游资源分类、调查与评价》（GB/T18972—2003），结合前人已有文献的研究基础，形成体育旅游资源评价指标体系基本架构。通常将少数民族体育旅游资源产品化开发的定量评价体系设计为四层：第一层是总目标层，即少数民族体育旅游资源产品化开发的定量评价；第二层是评价综合层；第三层是评价项目层；第四层是评价因子层。

2）对资源对象进行认真调查和分析，在对拟开发资源进行全面分析研究的基础上，提出评价指标体系的初稿。

3）运用本书第三章第二节所介绍的德尔菲法确定少数民族体育旅游资源的评价指标体系和评价内容。

（二）评价指标体系的建立

1. 评价指标权重确定步骤

（1）构建判断矩阵

根据第三章第二节所述原理，以专家调查表为主，以实地调查少数民族体育旅游资源数据为辅，构建判断矩阵。调查过程较为复杂，并且专家的认知存在一定的差异，因而难免会出现一定的偏差，判断矩阵不可能都有完全的一致性，对于比较复杂的情况，可以适度放宽标准。但为了保证层次分析法得到的

结果具有高度的准确性，必须对判断矩阵进行一致性检验。对于未通过一致性检验的判断矩阵，将调查问卷返回专家进行调整，直到通过一致性检验为止。

（2）层次单排序

层次单排序的本质是计算权向量，是确定下层各因素对上层某因素影响程度的过程。判断矩阵 A 如果完全满足一致性条件，则其最大特征根一定等于 n，但是一般情况下要满足这一条件是不可能的。因此，在实际应用中，必须对判断矩阵进行一致性检验，只有通过检验，才能说明判断矩阵在逻辑上是合理的，分析结果才是有效的。

（3）一致性检验

当 $CR < 0.1$ 时，判断矩阵的一致性是可以接受的；当 $CR \geq 0.1$ 时，判断矩阵不符合一致性要求，需要进行修正。

（4）层次总排序

总排序是指每一个判断矩阵各因素针对总目标层（最上层）的相对权重。这一权重的计算采用从上而下的方法，逐层合成。同样，对总排序结果也需要进行一致性检验。当 $CR < 0.1$ 时，判断矩阵的整体一致性是可以接受的。

2. 确定各指标的权重

对于同一层次已通过一致性检验的判断矩阵进行矩阵特征值计算，再对所获得的特征值进行归一化处理，即是同一层次中相应评价因子的权重，经过层次总排序，即可求得各个评价指标在总目标层中的权重。详细过程见本书第三章第三节。

（三）资源产品化的定量评估

1. 赋分方法

根据参考评价因子施加于旅游资源利用的具体影响程度，对各个评价指标进行科学划分，使其成为科学合理的五个等级，依次是极高、高、中、低、极低，在此基础上对各个等级赋以不间断的实数区间以实现对指标分值相应变化的准确表示，评分标准为：极高 [10，8）；高 [8，6）；中 [6，4）；低 [4，2）；极低 [2，0）。

2. 少数民族体育旅游资源评价等级划分

根据本书第三章第三节的讨论和分析，依照资源评分结果，将每一项少数民族体育旅游资源依据得分高低依次划分为五级、四级、三级、二级、一级五个等级；当其得分小于 3.0 分时，则定性为"未获等级"。

3. 数据来源

少数民族体育旅游资源模糊赋分表数据的获取，可采用问卷调查等方法。

4. 少数民族体育旅游资源的评价结果

采用第五章第一节所述的计算方法，即可获得每一项少数民族体育旅游资源的定量评价结果和评价等级。

三、少数民族体育旅游资源产品化开发的 SWOT 分析方法

SWOT 分析主要是对分析对象的优势、劣势、机遇和威胁进行全面分析。SWOT 分析实际上是将分析对象的内外部条件及各方面的内容进行综合和概括，进而分析其优劣势、面临的机遇和威胁的一种定性分析方法。

（一）方法运用

优势和劣势分析主要是着眼于少数民族体育旅游资源自身的实力、开发政策及其与其他少数民族体育旅游资源的比较，而机遇和威胁分析将注意力放在外部环境的变化、国家政策的扶持等对少数民族体育旅游资源产品化开发的可能影响上。在分析时，应把所有的内部因素（即优势和劣势）集中在一起，然后用外部的力量来对这些因素进行评估。

（二）分析步骤

1）列出内部的优势和劣势，以及外部的机遇和威胁；

2）优势和劣势、机遇和威胁相互组合，形成优势与机遇策略、优势与威胁策略、劣势与机遇策略和劣势与威胁策略；

3）对优势与机遇策略、优势与威胁策略、劣势与机遇策略和劣势与威胁策略分别进行甄别和选择，确定分析对象目前应采取的具体战略与方针。

（三）分析思路

少数民族体育旅游资源产品化开发 SWOT 分析的基本思路见表 6-2。

表 6-2　少数民族体育旅游资源产品化开发 SWOT 分析的基本思路

优势	劣势
①擅长什么？ ②有什么优势资源？ ③有什么优势区位？ ④和别人有什么不同？	①什么做得不好？ ②缺乏什么技术？ ③别人哪些方面比自己做得好？ ④外部政策有什么缺失？
机遇	威胁
①市场中有什么适合自己的机会？ ②可以学习什么新技术？ ③可以吸引什么新的顾客？ ④怎样可以与众不同？	①市场最近有什么变化？ ②是否赶不上顾客需求的改变？ ③政治经济环境的变化是否会给分析对象带来负面影响？ ④顾客对分析对象的了解是否深入？

（四）实例分析

少数民族体育旅游资源产品化开发的 SWOT 分析示例见第三章第一节对傣族、哈尼族、佤族、彝族体育旅游资源产品化开发的分析。

第二节　云南少数民族体育旅游产品展示场地选择与建设

一、云南少数民族体育旅游产品展示场地选择

不同的体育旅游产品选择的场地不尽相同，但大部分项目均需要一定的开阔场地，水上及水边的项目则需要临近江河湖泊。进行产品化开发的少数民族体育项目一般很少有需要爬山的项目，因此很少将山体等其他特殊地形作为选择。表 6-3 所列的场地为绝大部分少数民族体育旅游项目可展开的场地，一些专门场地需要临时作调整，同时，并不是所有场地都能对应所有项目，列出这些场地的主要目的是为需要发展少数民族体育旅游产品的区域提供尽可能全面的思路。

表 6-3　不同少数民族体育旅游项目场地选择

场地级别	少数民族体育旅游活动场地选择	满足的体育项目
市（州）、县（区）	市（州）、县（区）内的标准体育场地 市（州）、县（区）内的各级单位运动场地 市（州）、县（区）内的公共活动场地	绝大部分少数民族体育旅游项目

续表

场地级别	少数民族体育旅游活动场地选择	满足的体育项目
市（州）、县（区）	市（州）、县（区）内的旅游景点活动广场 市（州）、县（区）周边水域及周边地区	
乡（镇）	乡（镇）中心的标准体育场地 乡（镇）中心的公共活动场地 乡（镇）中心各级单位内的宽阔活动场地 乡（镇）中心的旅游景点活动广场 乡（镇）中心周边水域及周边地区	绝大部分少数民族体育旅游项目
村	村内的标准体育场地 村内的公共活动场地 村内的旅游活动广场 村内周围水域及周边地区	绝大部分少数民族体育旅游项目

二、云南少数民族体育旅游产品展示场地建设

（一）标准体育场地

标准体育场地的建设可根据地方体育事业的发展要求进行。开发体育旅游项目时，场地建设需要有一定的开放性、参与性和目的性，在特定的举办时间，场地要为专项体育旅游活动开展使用。标准体育场地的建设包含室内、室外两大类。目前，配备齐全的标准体育场地主要在市（州）和县（区）一级。因为一些少数民族体育旅游产品具有周期性，所以各个需要开发的区域可以对标准体育场地做出周期性调整，在相关项目展开的时候做出临时调整，充分发挥公共标准体育场地的作用。表 6-4 为可用于少数民族体育旅游产品展示的标准体育场地。

表 6-4　标准体育场地

类别	场地
室外标准体育场地	体育场
	田径场
	有固定看台灯光球场
	篮球场
	小运动场
	室外轮滑场
	排球场
	门球场
	室外游泳池

类别	场地
室外标准体育场地	室外跳水池
	室外射击场
	室外网球场
室内标准体育场地	保龄球馆
	台球馆
	篮球馆
	乒乓球馆
	室内轮滑场
	室内射击场
	武术馆
	摔跤柔道馆
	举重馆
	综合馆
	棋牌室
	健身房

（二）非标准体育场地

非标准体育场地比标准体育场地的建设标准更低。较大一级城市不同种类的场地修建比低一级城市更为齐全，有更多的场地可以调整为少数民族体育旅游活动场地，使用功能更加灵活，在开展乡（镇）、村一级的民族体育旅游活动时，有些场地平时是篮球场、开会场地、健身场地、公共事务场地等。非标准体育场地的建设也包含室内、室外两大类。大部分乡（镇）一级地区不具备太多标准体育场地，因此，可以考虑多在非标准体育场地展示少数民族体育旅游产品。表6-5为可用于少数民族体育旅游产品展示的非标准体育场地。少数民族体育旅游产品展示的场地一般具有以下性质：①设施要求不高，注重实用性。少数民族传统体育项目大部分来自少数民族的日常生活，因此对场地的搭建速度及实用性具有较高要求，而对于场地的材质、设施的要求较低。②场地的选择较为随机，具有不固定性。众多少数民族体育项目举办较频繁，开展较好的体育项目的场地可以随机挑选和设定，任何稍微宽阔的地方都有可能变成场地。③投资较少。少数民族传统体育是来源于民间的，且开展也由民间自发组织，同时也是生活的一部分，所以对于场地设施要求较低,所需投资较少。

表 6-5　非标准体育场地

类别	场地
室外非标准体育场地	村委会或村落文化站
	篮球场
	游泳池
	秋千场
	村落集体活动空旷地带
	村落惯习性群体活动场所
室内非标准体育场地	村委会活动室
	乒乓球馆
	棋牌室
	台球馆

三、案例项目的场地选择示范——傣拳

本节以傣族的体育旅游展示活动为例,选择傣拳为展示项目。该项目需要在有传承人以及有旅游开发基础的区域展开。以西双版纳的傣族为例,傣拳这一项目最好选择傣族园旅游景区、勐景来旅游景区作为示范区域。因为该区域周围有传统傣拳的传承人,同时两个旅游景区有资源和条件开发该项目。在产品开发成功后,可以再将其推广到曼听公园、西双版纳原始森林公园等景区,甚至可以在区域性节庆活动,如泼水节的时候增加该项目在各类场地的表演,使该项目得以传承和发展。西双版纳傣族傣拳比赛场地设置示范如下。

（一）场地区域

该项目主要在傣族园旅游景区斗鸡场展开。斗鸡场位于傣族园内曼春满佛寺前公共活动区域,此区域主要作为村民平时斗鸡的场地以及过赕时村民展示傣拳和象脚鼓舞等活动的区域。该区域临近村民生活区,能通过旅游利益吸引村民自发到此进行项目的展示,并有佛寺、民居作为背景,更具有观看性。另一标准斗鸡场位于泼水广场附近,为半露天式的圆形场地,有观看台、小型展示台等,能容纳 100 余人。

（二）单练和对练项目的场地

在傣族园曼春满佛寺前公共活动区域，需要长约 14 米、宽约 8 米的场地，四周内沿标明 5 厘米宽的边线，周围至少有 2 米宽的安全区。

（三）集体项目的场地

集体项目的场地可选择在标准斗鸡场、傣族园景区办公区前的篮球场或者曼春满村、曼听村的篮球场，场地长约 16 米、宽约 14 米，四周内沿标明 5 厘米宽的边线，周围至少有 1 米宽的安全区。

第三节　云南少数民族体育旅游产品开发与实施

一、少数民族体育旅游资源地方层级化开发应遵循的基本原则

根据本书第四章第三节的分析研究结果，少数民族体育旅游地方层级化产品开发，应遵循以下原则：①植根地方，促进地方发展的基本原则；②重现少数民族体育文化标记的原则；③直接引用、提升或融合发展少数民族体育运动项目的原则；④反映贯穿于体育运动中的整套文化信仰的原则；⑤有利于提升地方把控整个经济活动能力的原则。

二、少数民族体育旅游资源产品化开发的手段和内涵

根据本书第四章第三节的讨论和分析，在少数民族体育旅游资源产品化开发的 4 种手段中，每种手段都必须包含相应的内涵要求：①保存。必须对文化的、历史的、传统的、艺术的、社会的、经济的、环境的、经验的等价值进行有效保存。②转化。必须是改变功能活化再利用。③修复。必须恢复到原来的状态，以符合原来状态为原则再提升使用。④更新。必须符合新的需求，增添新的元素而适当地再利用。

三、少数民族体育旅游产品的建设运营技术规程与示范

（一）少数民族体育旅游产品的建设运营技术规程

1. 确定产品的组织

少数民族体育旅游产品的组织，需要充分关注开展时间、内容、分布区域、参与群体以及场地设施等方面的准备工作。

1) 时间。少数民族体育旅游产品可分为日常项目、周期性项目。少数民族体育旅游产品的开展时间应尽量注意其产品特性，在充分尊重民族风俗的同时，充分考虑与旅游产品特性相符的组织模式。例如，傣拳在特定的环境可以每天上演，因投入小而较易开展，可以作为日常项目开展，不仅可以满足村民运动健身的需求，满足村落精神文明建设的需求，还可以满足成熟旅游产品开发的需求。而傣族赛龙舟产品则因投入大而不易开展，尽量选择在固定时间开展，这样更具有开发规模和开发效益。

2) 内容。在内容选择上，要注意产品的可观性与参与性。可观性需要把该产品的文化核心内涵、参与过程提炼出来，让大众能够理解和沉浸于其中。例如，象脚鼓舞对鼓的手工艺的需求、种类的区别、制作文化、展示动作的含义等要充分提炼并淋漓尽致地展示出来，同时也要注意参与性，象脚鼓舞对场地需求不高、不具有太大危险性，有较好的群众基础，游客也容易参与。

3) 分布区域。在产品分布上，要做好差异化和多层级分布展示。例如，傣族赛龙舟活动一般在泼水节举行，而西双版纳景洪市勐罕镇与勐海县打洛镇举行的时间不同，参与形式不同，风俗不同，因此根据不同典型区做好规划很重要。同时，同一区域不同民族间的项目分布也要做好差异化分布，开发时避开雷同项目。

4) 参与群体。在参与群体的选择上，要划分出小型、中型、大型项目，或单人、2～3人、多人练习项目，根据不同的参与人数划分产品。同时，对参与群众尽量要求为当地少数民族，同时需要开展培训，熟练产品并能灵活创新。

5) 场地设施。注意场地的就近原则和设施的标准原则。选择展示场地要坚持就近原则，考虑村民的积极参与性。根据典型项目示范区的场地要求制定一定标准，制定时注意因地制宜，对村落一级的项目尽量优先考虑展示的参与性、可观性与内涵性，降低对场地的标准。在产品设施上，注意制定统一标准，同时考虑

项目设施的少数民族体育文化的展示，做到设施标准、表演精致、有文化内涵。

2. 拟定产品开展的形式

在对少数民族体育旅游产品进行推广时，要注意以下几点：①根据体育旅游产品的特性展开；②尊重项目包含的民族文化，尽力体现地方居民的意愿；③符合旅游产品开发的一般规律。

例如，在对傣拳进行开发时，要体现出体育旅游产品的特性，有强身健体、演示和竞赛等方面的需求，因此需要对较有代表性的动作进行提炼，并有相关的器械加入，以多样化的形式展开，将其划分为不带器械和带器械的，单打、双打、多人展示等。在展示过程中，要体现出必要的民族文化，如对着装、专有特色器械等进行开发设计。另外，还要在旅游产品的观赏性和参与性上有所要求，才能体现少数民族体育旅游产品的形式特点。

3. 制定产品开展的规则

（1）竞赛分组

参与者按性别一般可分为男子组、女子组和混合组；按年龄可分为少年组、青年组、中年组、老年组，按人数可分为单人、双人、多人。

（2）竞赛项目

竞赛项目根据该民族体育产品的种类进行划分。

（3）竞赛（表演）时间

单人：不得少于 5 分钟。双人对练：不得少于 6 分钟。集体项目：10～15 分钟。

4. 制定产品开展的活动技术

制定产品开展的活动技术要注意几点：①根据产品的种类进行划分，每类产品体现出其独特性；②充分展示原体育项目的活动内容，同时要根据市场需要有一定创新；③要注重观赏性和参与性。

5. 做好产品开展的器械选择

（1）器械类别

器械要充分展示项目文化，要有民族特色和地方特色，并尽可能按手工艺品进行设计，精致且能完成动作要求。同时，根据文化特色，划分出不同样式，增加可看性。

（2）器械创新

做得好的项目可以直接引用，其他项目可以在器械的外观、颜色、材质等方面加以改造。

6. 开展好产品的技术教学推广

（1）明确教学目标

首先，明确参与者需要学会的标准动作。其次，制定产品的教学知识、技能和情感目标，让参与者对产品的文化内涵有尽可能多的了解，熟悉操作技能且热爱该项目。

（2）关注教学重点和难点

在对产品的教学和推广过程中，要关注教学中的重点和难点，把教学内容梳理清楚，对重点和难点加强培训。

（3）注意事项

在教学过程中，要明确哪些是需要额外注意的，例如在需要器械的项目中，明确对器械的细节要求、对参与者的额外要求等。

7. 客观评价民族体育旅游产品的参与度

1）参与的类型。游客参与的类型包括单人、多人带器械或不带器械参与。

2）参与的内容（产品类别、产品内容）。划分清楚哪些项目简单且不具有危险性，游客可以参加，哪些项目则只能演示，让游客观看。

3）参与程度评价。对不同项目的参与程度进行评价，分为观看、低参与度、高参与度及其他几种类型。对技术要求较高和危险性较高的项目不适合游客参与，可设置为观看型，如带危险器械打斗。对技术有一定要求且不太有危险性的项目，游客可以低度参与，如赛龙舟，部分男性游客可以参与。对技术没有太多要求且没有危险性的项目，游客可以高度参与，如象脚鼓舞。

4）参与的范围（游客类型、游客构成）。对参与的范围进行划分，把游客按照年龄段、性别和疾病史等进行划分，把那些不适合老人、妇女和儿童参与的强竞技项目甄选出来，对有特殊疾病的游客要制止其参与。

5）参与的效果评价（评价方法、评价结果）。从参与意愿、参与度、参与反馈等方面进行评价工作。评价方法要有依据，对竞技类、游戏类、舞蹈类、表演类、节庆类、养生类等不同类别的产品划分出不同类别的评价方法，同时相似的产品也可以有统一的评价方法。评价结果要真实可靠，能反映问题，并要反馈给产品开发管理者，为改进作参考。

8. 做好产品实施中存在问题的改进工作

在产品实施过程中遇到问题时，要积极协调当地项目主要参与者、开发管理者和游客共同来解决。评价环节会存在很多问题，这是需要管理者重视的，平衡各个参与者的意见，才能开发出好的产品。在问题处理后，要提出改进目标、改进方法、改进手段及改进主体等，制订详细的改进方案，以备后续查阅及指导。

（二）傣族象脚鼓舞产品建设运营示范

1. 产品的组织

1）时间。尽量选择傣族的传统节庆、特殊的仪式活动以及特殊事件时间。一是有利于组织群众广泛参与；二是观看性及表演性更强，游客参与氛围更好；三是有利于体育旅游产品的开发和推广。以象脚鼓舞产品为例，表6-6给出了组织时间表。

表6-6　象脚鼓舞产品的组织时间表

类别	名称	公历时间
每年的传统节庆时间	泼水节	4月
	开门节	10月
	关门节	7月
过赕时间	赕塔等重大的赕	不定

2）内容。内容包括象脚鼓舞表演、象脚鼓舞双人或多人对决、象脚鼓舞活动参与。

3）分布区域。分布区域包括西双版纳州、德宏州、临沧市、普洱市等地的傣族聚居地。

4）参与群体。参与群体包括当地居民及游客。

5）场地设施。独舞和对舞项目的场地长约10米、宽约6米，四周内沿标明5厘米宽的边线，周围至少有1米宽的安全区。集体表演项目的场地长约12米、宽约10米，四周内沿标明5厘米宽的边线，周围至少有1米宽的安全区。

2. 产品开展的形式

产品开展形式主要为长象脚鼓舞、中象脚鼓舞、短象脚鼓舞三种形式的独舞、对舞、群舞。

3. 产品开展的规则

产品开展的规则主要分竞赛或表演两类，竞赛又可分个人和团体两大类。

（1）竞赛分组

参与者按性别可分为男子组、女子组或混合组；按年龄可分为少年组、青年组、中年组、老年组，按人数可分为单人、双人、多人。

（2）竞赛项目

竞赛项目分为短象脚鼓舞、中象脚鼓舞、长象脚鼓舞。

（3）竞赛（表演）时间

单人：不得少于 5 分钟。双人对练：不得少于 6 分钟。集体项目：10～15 分钟。

4. 产品开展的活动技术

（1）短象脚鼓舞

短象脚鼓舞一般为两人对赛。在对赛中，两人灵活、机智地进攻、退让，以最后抓住对方的帽子或包头巾为胜。短象脚鼓舞是西双版纳州广为流行的舞蹈，跳舞时，舞者挎鼓成对出场。脚的动作有蹬踮、横梭、颠踹、提蹲等；手的动作有掌击鼓、拳击鼓等。独舞动作自由洒脱，舞蹈线路变化多端，讲究功底和韵味；群舞动作较简单，要求节奏、动作整齐统一，队形成方形或圆形，进行到高潮时，常有一对舞者离开原来的舞圈，进入圆圈的中心部分，进行双人舞表演。短象脚鼓舞的动作是在模拟动物形态的基础上发展而来的。以象脚鼓、铓、铙等打击乐器伴奏，节奏铿锵明快，击鼓方法多样，与舞姿变换、情感抒发配合默契。

（2）中象脚鼓舞

中象脚鼓是傣族地区流传最为广泛的鼓。中象脚鼓舞的舞步扎实、稳重、刚健，大动作及大舞姿较多。跳舞时不限定人数，人少时对打，人多时围成圆圈打。德宏州象脚鼓舞是节庆时间在寨子里的奘房里跳的集体活动舞蹈。而西双版纳州的缅寺则禁止娱乐活动，通常是象脚鼓舞队在寨子里游行，在沿途村民的院子里挨家挨户表演。德宏州芒市地区的中象脚鼓表演有固定的程序，铓和铙的演奏者也参与舞蹈。整套舞蹈动作共有 26 拍，舞者围桌绕圈而跳，鼓装饰有孔雀的尾巴，鼓衣以干幔装束，整套动作的祭祀性较强。

（3）长象脚鼓舞

长象脚鼓舞动作不多，以打法变化、鼓点丰富见长，有手一指（二指、三指）

打、掌打、拳打、肘打，甚至脚打、头打，多为一人表演，或为舞蹈伴奏。其动作由于受到鼓的制约基本围绕击鼓动作展开，以手、肘、膝盖、脚敲击鼓面，舞蹈动作由缓至急，通常都是舞至高潮时做"豪放鼓"，然后做"甩鼓"结束，长象脚鼓舞即兴性强，通常是由舞者随意组合动作，主要动作类型有"击鼓绕圈""跳落丁步""进退步""马步闪身""弓步打鼓""撩腿步""围鼓转""上步翻掌击鼓"。

5. 产品开展的器械选择

（1）器械类别

象脚鼓分为大、中、小三种。

（2）器械创新

直接引用，可以在长度和表现上加以改造。

6. 产品的技术教学推广

（1）教学目标

参与比赛和表演的人员至少需要学习长象脚鼓舞、中象脚鼓舞、短象脚鼓舞中一种或以上的舞蹈动作。

（2）教学重点和难点

重点：中象脚鼓舞、短象脚鼓舞。

难点：长象脚鼓舞。

（3）注意事项

舞者的身形与鼓尽量相匹配；鼓要选择手工制作的牛皮鼓面。

7. 产品开展的改进方向

增强游客的参与性，可以用短象脚鼓舞作为领舞表演，带领游客参与舞蹈。

第四节 云南少数民族体育旅游产品运营管理

随着社会经济的发展，人们的旅游消费需求日趋多元化。在此背景下，旅游业获得了较好的发展机遇。作为新兴的旅游产业，体育旅游要在越来越细化的旅游市场中获得长足发展，其运营管理至关重要。

一、少数民族体育旅游产品运营管理的结构

（一）运营管理的目标

少数民族体育旅游是传统旅游业和体育相结合的产物，作为一种准公共产品，其运营管理的主体既有企业也涉及政府。

对于企业来说，体育旅游运营管理的目标就是建立一个高效的运营系统，开发有竞争力的旅游产品，以较少的成本创造高质量的旅游体验，满足游客对旅游产品和服务的特定需求。同时，企业在旅游开发过程中也肩负保存、转化、修复、更新、重建少数民族体育旅游文化的重任，因为只有做好对当地旅游文化的挖掘、保护与传承工作，才能更好地对企业的旅游产品进行更新和再开发，才能使企业长久运行。在旅游产品开发过程中，注意依据少数民族地方体育实践的方式，重现体育文化标记；直接引用、提升改造或融合发展少数民族对体育运动的实践；深刻反映贯穿于体育运动中的整套文化信仰。

对于政府而言，体育旅游运营管理的目标则是提供高质量的公共产品和服务，实现公共利益的最大化。同时，政府需要对少数民族体育旅游产品的运营管理制定多元化目标，在实现经济利益的同时，也要考虑到文化的传承与发展。政府要坚持植根地方、发展地方的基本原则，弘扬地方民族文化，在旅游产品开发过程中注意提升政府控制整个经济活动的能力。

（二）运营管理的模式

1. 自主运营模式

自主运营模式主要是指单一主体的运营模式，如国有企业自主运营、私营企业自主运营、村民自主运营、民间体育协会和团体自主运营等模式。自主运营模式的优势是主体明确，具有高效性、集中性、明确性等特点，大部分产品在开发初期以此模式为主。

2. 联合运营模式

联合运营模式主要是指多主体联合运营管理，如"企业+村民"联合运营、"民间企业团体+民间体育协会"联合运营、"体育协会+村民"联合运营等模式。例如，傣族园开发初期经历过村民自主运营阶段，然后慢慢过渡到"企业+村民"联合运营阶段。联合运营的优势包括融资渠道多元、经营主体有监督、获利群体多等。

（三）运营管理的主体

1. 政府主导

旅游主管部门和体育主管部门应由管理型向服务型转变，厘清权力边界。在项目开展的地方，各级政府部门要做好主导的管理工作，使其发展符合国家政策及民众需要，为开发企业做好服务。

2. 企业主营

少数民族体育旅游产品最好的开发与经营主体是企业，地方要做好企业的引进，或在原有的旅游开发企业中去开展工作。在原有企业中开展工作有一定的物质及人力基础，可以通过对现有人员的培训与调度实现产品的开发与运营。在新企业引入方面，要注意引入具有一定实力及愿意发展地方旅游、与地方一起成长的企业，或者吸引大型国有企业进行开发建设。

3. 多元主体参与

一方面，引导群众广泛开展体育健身活动，推进群众体育组织网络建设。在众多区域，最初产品的开发以地方政府牵头、民众主动参与为主。在自主运营阶段，群众参与积极性较高，能为产品的持续发展做好准备，同时，在产生经济利益时，多惠及群众，能保持产品的生命力。

另一方面，培育和发展体育协会、体育社会组织，通过行业协会引导体育旅游产业发展。地方的体育协会能辅佐地方政府做好监督与管理的工作，因此云南可以成立一些官方民族体育协会来做好管理工作。

二、少数民族体育旅游产品运营管理的保障体系

（一）政策支持

体育旅游是体育与旅游结合而产生的新型旅游产业，两个产业的融合发展离不开政策的支持。政府要正确把握体育产业和旅游产业融合发展的规律特征，进行制度创新，营造有利于体育旅游发展的政策环境。

首先，政府应做好体育旅游发展规划工作。体育旅游发展规划和体育旅游发展战略是少数民族体育旅游发展的基本依据，能为未来几年少数民族体育旅游发展指明目标和方向。因此，政府应充分发挥自身的宏观调控功能，重视体育旅游

发展规划，认真制定体育旅游的发展目标、战略措施、战略重点等内容。同时，政府还应根据环境的变化适时调整发展规划，实现对体育旅游发展工作的有效指导。

其次，政府要处理好体育旅游的可持续发展问题。体育旅游是一个综合性的产业，其与自然、生态、文化之间有着紧密的联系，如何实现体育旅游的可持续发展是该产业发展的一大难题。在少数民族体育旅游发展过程中，一方面需要处理少数民族体育旅游发展与生态环境保护之间的矛盾，另一方面需要处理少数民族体育旅游发展与少数民族体育文化的保护、传承之间的矛盾。在解决矛盾的过程中，政府应建立健全有利于少数民族体育文化和生态旅游资源保护的政策，促进体育旅游发展与生态环境、文化保护间的良性互动，推动体育旅游的可持续发展。

最后，政府要制定有利于体育旅游发展的法规政策。体育旅游产业在我国处于起步阶段，缺乏相应的法律法规。政府应立足于发展实际，完善体育旅游产业发展的政策，明确体育旅游的产业地位，加大产业支持力度，促进两个产业间的交流合作。另外，要创制有利于体育旅游经营者的法律法规，规范体育旅游的经营环境，让各经营主体能够有法可依，确保在法律的框架范围内发展体育旅游产业。

（二）管理机制

体育旅游虽然属于旅游产业，但体育旅游的吸引物大多数又属于体育产业的内容，因此兼具体育与旅游的双重属性。在政府管理方面，由于我国的体育旅游还处于初期发展阶段，它既接受旅游部门的管理，也受到体育部门的管理，没有形成统一的管理部门。相关部门存在职能交叉，没有形成一个很好的合作交流机制，在实际管理过程中就易导致多头管理、政策冲突的状况。尤其在少数民族体育旅游的发展过程中，由于少数民族的特殊性，其可能还会受到少数民族相关事务部门的影响，这无疑给体育旅游产业的发展带来了较大的障碍。因此，少数民族体育旅游要获得较好的发展，就需要对分属不同领域的产业进行融合管理，通过建立综合性的机构对体育旅游进行专门化管理，避免职能交叉、多头管理问题的出现，同时提高管理效率。

（三）人力资源开发与管理

人才是体育旅游产业发展的关键。少数民族体育旅游从产品开发到产品服务等各环节，都离不开兼具体育知识和旅游知识的专门人才。我国有旅游专业和体育专业的人才培养，但缺乏体育和旅游复合型人才的培养。在体育旅游行业中，体育旅游从业者要么不懂体育，要么不懂旅游，或者体育和旅游都不懂。随着体育旅游的发展，人才培养要紧跟上其发展的步伐，否则就会成为制约产业发展的因素。因此，要注重开发体育旅游产业的人力资源，加强体育旅游人才的培养，加快培养复合型、高素质、强能力的专业人才。这样的专业人才不仅要学习先进的科学知识，具备旅游、体育、民族文化等基础知识，还要掌握灵活的服务技能。尤其是一些刺激性、冒险性的项目，更需要专业人才的指导，这样才能在确保游客安全的前提下，为游客创造高质量的旅游体验。

（四）信息服务保障

信息对体育旅游非常重要，天气情况、旅游线路、旅游目的地、旅游费用等信息都会对游客的旅游体验造成影响。因此，要充分利用各种资源实现信息共享，减少信息不对称造成的负面影响，推动体育旅游产业的发展。在网络时代，应积极倡导"互联网+体育旅游"，将互联网、体育、旅游三者进行深度融合，使体育旅游获得新的发展优势；应充分利用网络优势，加强体育旅游网络化建设，创建体育旅游信息库。这不仅可以为旅游经营者和游客提供信息，降低体育旅游的运营成本，提高体育旅游的效率，而且可以通过信息库平台收集反馈意见，促进体育旅游产品的改善，提高游客的满意度。

（五）配套性基础设施建设

基础设施是人们进行体育旅游的主要物质保障，其数量和质量关系着体育旅游的发展水平和游客的旅游体验。交通是旅游基础设施的重要组成部分，是衡量体育旅游竞争力的重要指标。一些民族体育旅游目的地处于偏远地区，如果配套性基础设施建设滞后，体育旅游的发展就会受阻。另外，体育旅游发展的快慢与体育旅游的可进入性有直接关联，即四通八达的体育旅游交通网络能够促进体育旅游快速发展，因而强化体育旅游交通基础设施建设是体育旅游基础设施建设的重点。相关部门应加大对体育旅游的投入，加强相关基础设施的建设，促进体育旅游的健康发展。

第七章

少数民族体育旅游建设示范

　　本章主要是将第五章中作为案例的 4 个傣族体育旅游资源产品化开发项目建设为体育旅游项目。在少数民族体育旅游项目建设中，为确保地方层级化开发模式的示范，需要特别关注文化商品化和地方商品化的区别：Lash 和 Urry 所指的"文化商品化"并非强调生产新的商品，而是像广告一样，通过包装销售文化；如同营销品牌一样，经由意象的塑造转换价值，象征与想象生产的文化。地方商品化是指乡村由生产地转变为消费地，乡村成为生产乡村认同的象征价值，为居民、开发商、游客等营销一个特殊的地方，乡村性成为优势的动力。文化商品化和地方商品化两者的商品化对象不同，但是，当村落商品化时，如何进行象征与想象文化的生产成为关键，即地方商品化中的文化商品化，村落商品化后进一步包含他者、自然、乡村性的象征符号的生产。村落文化经济发展大都由以资源为基础的社区经济转变为以符号和想象为主的地方性生产过程。

第一节　选择勐景来村开展体育旅游
建设示范的主要依据

　　勐景来村位于西双版纳州勐海县西南部群山环抱的低中山丘陵地带中间的宽谷盆地，东经 99°58′，北纬 21°41′，海拔为 635 米。村寨东临缅甸掸邦东部第四特区，西紧靠 213 国道昆洛公路，南靠大片橡胶林，北面是大片香蕉地，村寨紧紧同缅甸比邻，村寨后门紧邻打洛江。

勐景来村隶属于西双版纳州勐海县打洛镇打洛村委会，打洛镇位于西双版纳州勐海县西南部，北与西定乡为邻，东南面靠布朗山乡，东北与勐混乡相连，西南和西面与缅甸交界，国境线长 36.5 千米。勐景来村位于打洛镇东边，属于坝区，距离村委会 3 千米，距离镇政府 4 千米，距离打洛口岸 6 千米，距离独树成林景区 7 千米，距离县城 68 千米。勐景来村是一个历史悠久的傣族村寨，截至 2017 年末，勐景来村共有村民 113 户，常住人口 478 人，基本上都是傣族人，其他民族有哈尼族 1 人，汉族 6 人。其中，女性人口 234 人，17～70 岁女性人口总数 175 人，占女性人口的 74.79%，占全村人口总数的 36.61%，其中大部分女性承担着家庭生计劳动以及旅游经营活动①。

勐景来村最为可贵的是善于人与自然的和谐相依。种类繁多的热带植物本已秀丽，艺术品一般的傣家木楼，神秘的小乘佛教，独特的傣族文化，和谐的民风习俗，轻盈柔美的舞姿，更是锦上添花，使人陶醉②。

一、傣族历史文化底蕴深厚

在傣语中，"勐"是村寨，"景来"就是龙的影子。据说，当年的傣王召树屯为追赶一只金鹿来到过此地，后来人们发现这里隐约可以看到一条龙的影子，于是就来到这里守候傣王的再次到来，久而久之就索性在这里建起了村寨。这就是勐景来村。根据记载，勐景来村不仅是打洛镇上最早建立的村寨，而且建立寨子的召烛拉翁在古代很有名气。过去，勐景来村一直居住着打洛土司。

传说在公元 1082 年，傣王召烛拉翁为表彰 101 位高僧，特地在这里建造了 101 座塔，形成了雄伟壮观的塔群。在干旱的季节，召烛拉翁带领百官到塔林下、神树旁整整祷告三天三夜，祈求神灵保佑人民幸福安康，此举感动了神灵，神灵就将最美的风光、最佳的栽种节令赐予了西双版纳。

位于寨口的佛寺属于典型的傣王宫寺庙建筑，在打洛镇附近较有名气，东南

① 王丽丽，明庆忠.2018. 少数民族妇女在边境旅游发展中的角色变迁——以西双版纳州勐景来村傣族妇女为例. 广西民族研究，（1）：41-49.
② 张瑜.2015. 关于西双版纳勐景来旅游社区的展演研究. 长治学院学报，32（2）：48-50.

亚常有僧侣到这里进行佛事活动。勐景来村的人都信仰上座部佛教。这里的男孩到了 6 岁的时候都必须剃度出家,在佛寺里学习傣文、佛教经典、历史文化,传承傣族传统技能,几年后再还俗进入学校学习。佛寺同时也是傣族人修身养性和超度的圣洁之地,对傣族文化有着重要的精神支撑作用。

贝叶文化景观也是勐景来村的一大特色,村寨佛寺中的贝叶书院藏有古老的贝叶经,村中老人经常到佛寺刻贝叶经,同时,贝叶书院承担着周围村寨孩子的傣族文化教育,男孩、女孩都可以获得贝叶教育。

二、傣族村寨景观结构完整

(一)勐景来宗教文化景观

1. 佛教文化景观

勐景来村作为西双版纳傣族的一个边境村寨,隐藏在郁郁葱葱的丛林深处,古风犹存,幽静祥和,不仅散发着自然与人文景观的独特魅力,穿过寨门亦可亲近感受勐景来神树、塔林、神泉、佛寺等佛教文化的庄严。寨门草坪上耸立着槟榔树,树中是一座金光闪闪的佛像,佛像对应着一片金碧辉煌、大小不一的塔笋、塔林。塔尖直指天穹,顶端系有许多小铃铛,叮叮当当的铃声引人倾听来自天上的梵音。菩提树在傣族人心中很神圣,有菩提树的地方亦有村有寨。菩提树生长快,树干硕大,枝繁叶茂,枝条细长,好像一位巨神遮蔽着村寨,祈福保佑着村寨里的每一个人。勐景来村的菩提树大小有十多棵,也许就是在这十多个神灵呵护下,勐景来村才如此祥和、安宁和美丽。菩提树上缠绕着密密麻麻的白线,树脚环绕堆放着护树的柴火,整齐地摆放着香蜡、粽子、水果等祭祀品,傣族人很知道对菩提树感恩。

2. 原始宗教文化景观

村寨中有神树、寨心、寨神、竜山。神树是傣族祈求安康的古树,通常为榕树和大青树;寨心是村寨中心的标志;寨神是保护村落的图腾;竜山为傣族的神山森林。

(二)干栏式建筑文化景观

造型别致的木楼是勐景来村一景,这里与众不同的是建筑全为木楼结构,而见不到水泥、钢筋，建筑风格也独具特色，总体看上去与多数傣族吊脚楼一致，但门梯宽大，两侧有轴栏廊檐，面向道路的一边是三面开放的客廊，这也是起居生活的主要地方。木楼四周没有围墙和栅栏，独立在盛开的热带苗木和挂满果实的枝头中，从这样的建筑与规划布局可以感悟到勐景来人顺应气候又善良纯朴、团结和睦的品德。

（三）傣族传统手工技艺文化景观

走到村寨深处后，傣族的传统手工技艺像幻灯片一样展现出来。手工造纸术、傣陶制作、傣锦制作、葫芦丝和铓锣制作、竹器编制、民间打铁冶炼、古老榨糖术、民间染布、傣药酿酒等让人好奇又赞叹。古往今来，傣族人凭着自己对大自然、对生命、对生活的深刻理解，用灵感创造出了充满民族个性创造力的历史。

傣陶大有返璞归真之感。勐景来村的傣陶不是简单地为了生活之需，还有深刻的宗教痕迹。傣陶制作既有生活中用的陶锅、陶罐、陶壶，有房屋的饰物，还有更多的佛寺神龛和饰物。烧制陶器技艺很特别，没有专门的烧制窑，而是随地挖坑堆放一堆木柴，将所烧陶器层层放置到柴火上面，外围用稻草覆盖后再用普通泥土将稻草包裹严实，形成"土馒头"状，在其上用手指戳几个洞口，经过一天一夜的烧制，便烧成了美丽的陶器。

勐景来村传承并为之骄傲的是造纸术。贝叶纸是用生长在村寨里的构树皮作为原料，以一般手工造纸的工艺制作而成的，纸张洁白且韧性好，还透光、防潮、防腐、防蛀，其本身一张纸就值得收藏。

傣族人用土方制作米酒和药酒已有 1000 多年的历史。勐景来村土酒以糯米为主，加土方植物酿造，酿成的酒因添加的植物和酒效目的不同而呈不同的颜色，有白色，有黄色，还有红色。但不管是哪一种酒，都有一种清香甘醇之味，据说都有驱湿、润喉、去火的作用。

村寨里最古老、最独特的榨糖方式让人称奇。他们用大型的木制头组合成齿轮状木具，采用物理学上的轴承原理，借用人力带动木桩转动，将甘蔗汁榨出来，经过过滤，可以直接饮用，也可以熬成红糖。

（四）村寨小道植物文化景观

村寨里的多条弯弯曲曲的洁净小道在假槟榔、杧果树、椰子树和大王棕树的簇拥下幽丽延伸又相互连接，一道道风景也在其中展现。小道两侧盛开着九里香、龙舌兰、炮仗花、五色梅等鲜花，生长着香蕉、阳桃、杧果、火龙果等热带水果，既有美丽、安逸的环境，又能品尝美味水果的醇香。

（五）村寨娱乐文化景观

寨头有大门、铁刀木林、塔林和泼水广场，寨尾紧临打洛江，过河即为缅甸境内，有 229 界碑。村寨中的村民无论老幼均能歌善舞，尤其擅长团结舞，在村寨中，许多老汉身上都有文身。文身是该村男子图腾崇拜的延续。他们用黥、刺、纹、墨方法，在皮肤上刺文，留下印痕或图案。他们文身的部位从头至脚都有，有简单粗条纹、细条纹或符号、咒语、生辰、名字等，主要是图腾象、龙（蛇）、牛、鸟、蜜蜂、花、树等。

三、村寨旅游发展基础较好

（一）村寨旅游业起步阶段

2003 年 10 月，云南湄公河集团有限公司下的云南金孔雀旅游集团有限公司在国家倡导文化旅游的大背景和当地政府的支持下，围绕体现傣族传统文化特色进行规划建设，不改变村寨里自然纯朴的生产、生活方式，深入挖掘边境少数民族文化内涵，利用边境的优势和对外开放的契机，在其原有的建筑、自然风光、民俗等自然和人文资源的基础上对其进行了深度、广度的开发，使其基本形成了以傣族民居、传统习俗展演、界河漂流、边境佛教为特色的旅游胜地，使当地成为出入缅甸、老挝等东南亚国家的首选旅游景区之一。同时，该公司与勐景来村通过村民小组签订为期50年的合同，使得村寨保持傣族特有的干栏式建筑和传统的民族文化。该公司每年给予村民一定的租金，由村委会自主进行分配，同时村民在生产、生活的过程中也不影响景区的正常运作。这种以合同的形式经营和开发景区的模式使得公司和村寨相互协作，互不影响。

景点的开发依托村寨中的塔林和神树，体现出边境少数民族文化特色。其突出的宗教文化、民族手工艺展示、边境探秘、229 界碑、漂流等项目，使到景区的游客可以体验传统的民族风情，感受傣族居民酿酒、打铁、造纸、制陶等传统手工艺的特色。同时，开发公司对村寨的基础设施进行了改建，电力线全部改造下埋，改土路为砖面路，砖面路设有盲道，体现出人性化的一面；为了保持原有的干栏式建筑的特色，展示傣族竹楼的建筑文化特色，他们通过补偿的形式拆除砖墙改为花园围墙，并由景区对村民的建筑周围实施绿化工程，提高绿化面积和景观效果，约拆除 90 多户的围墙，取而代之的是傣族传统的竹篱笆和绿化隔离带，使得各种建筑与周围环境和文化氛围相协调，给人一种自然、古朴的感觉。此外，投资公司还投入大量资金，对村寨的环境、卫生、基础设施等方面进行了改造，大量种植草坪和各种热带树种、花卉；对村民家中庭院植物重新进行规划和补充，补种了具有傣族特色的椰子树、菩提树和热带花卉等，使整个村寨绿意盎然、生机勃勃，增强了村寨旅游的吸引力。

公司在景区建设和运行管理的过程中，注重优先录用村寨里有能力、有基础的闲余劳动力，在景区的管理和经营中采取"公司+农户"的经营模式，将村寨里懂得传统工艺的老人召集起来，安排在景区内为游客表演制陶、造纸、酿酒、打铁、纺织等各种手工艺。景区积极参与村里的公益事业，为村民修建了排水管道；设立了"勐景来奖学金"，用于奖励品学兼优的学生；投资为村里修复有线电视系统；在泼水节期间，组织各种形式的民族表演活动，为村民过节增添浓浓的节日气氛。

（二）村寨旅游业快速发展阶段

2004 年 1 月 6 日，勐景来景区正式对外开放营业。开放的景点有塔林、神树、佛寺、手工艺展示（如织布、酿酒、打铁、榨糖、造纸、染布、竹编、做葫芦丝等）、田园风光、赶摆场、界碑等，打洛江中央的江心岛也被开发为旅游景点。

在景区建成投入运营和对游客开放后，起初村寨里有五户供游客参观的民居，游客可以参观民居和食用摆在傣家桌上的食物，而消费的费用是随意的，不存在商业化的倾向和买卖现象。这几户村民家庭提供给游客的服务是由各家自主经营的，他们不属于公司的员工，只是参与景区旅游开发、展演傣家生活方式。景区给予其一定的租金、补贴，公司只是起到引导和监督的作用。

2005 年 9 月，勐景来景区顺利通过国家 AAA 级旅游景区的评定。景区的开发带动了地方经济的发展，为当地村民提供了很好的就业机会，景区在不断发展和兴盛的过程中吸引了越来越多的游客来此观光旅游，村寨中参与旅游业的人数不断增加，主要从事导游、后勤、餐厅服务、环卫、掌舵、歌舞表演等工作。村寨中参与旅游业的人占到了近50%，极大地改善和丰富了当地村民的生活。随着景区旅游的兴盛、游客的络绎不绝，旅游景点在原来的基础上增加了很多，展演项目也增多了，如增加了宗教展演、舞蹈表演、篝火晚会、赶摆场、寨心、泼水节等展演项目。

（三）村寨旅游业的下滑阶段

勐景来旅游业从2004年1月开始运营[①]，而2004年是2004—2013年的10年间游客和盈利最多的一年。受国家政策影响，景区建成运营不到一年，因禁赌、禁毒等于2004年12月1日被封关。封关后，游客减少近一半，2005年10月，政府实施修路工程，游客更少，景区的经营几乎处于停顿状态，每天接待游客二三十人，几乎没有门票收入，有时好几天才有一个游客到来，景区处于严重的衰落阶段。

为了保持景区的正常运营，景区的导游每天照常坐班，工作人员每天都按部就班地签到、上班。景区的景点减少很多。沿江的景点、宗教展演、篝火晚会、舞蹈表演等都已经因游客太少而取消，只展示一些传统的手工艺品。为了减少亏损，勐景来村参与景区旅游业的人数和经营公司员工大幅减少，管理人员为应对封关采取了一些措施，如加大景区开发力度，增设知青文化林、与邻近其他景区联合等，同时，开通旅游专线车，主要针对散客，重点推销从景洪到打洛的中缅边境一日游，刚开始每天可以接到的游客人数不多。对参与公司旅游业的人员主要采取两种制度进行调整：一是进行轮岗制，如舵手分批上班；二是人员分流，将员工分流到云南金孔雀旅游集团有限公司的其他景区，如野象谷、森林公园等景区。

（四）勐景来旅游业再次发展阶段

2009年9月，经云南省旅游投资有限公司与云南金孔雀集团有限公司原股东方云南湄公河集团有限公司并购重组，由云南省旅游投资有限公司投资并购云南金孔雀集团有限公司66%的股权，实现控股。勐景来景区迎来新的旅游发展阶段。

2009年4月，景洪到打洛的道路正式修建完工，并顺利开通，同年，打洛被评为国家级开放口岸，2010年，勐景来也被评定为云南省首批50个省级乡村旅

① 张瑜. 2015. 关于西双版纳勐景来旅游社区的展演研究. 长治学院学报, 32（2）：48-50.

游特色村。由于受到特殊经营环境的影响，景区不再投入大的财力、物力进行新的旅游项目的开发，而是围绕村寨和景区进行了维护和修缮，以保障正常的运营。如今，村寨的面貌和几年前相比有了很大的变化，在封关期间，经营公司在维持正常运营的同时，加大了开发和宣传的力度，主要有：联合勐海云茶源和独木成林景区，从景洪集中散客免费乘车到打洛进行中缅边境一日游，先漂流到勐景来景区，参观完后再去独木成林景区，之后返回；启动首批农家乐，当地居民自己经营农家乐，向游客提供吃、住服务；联合影视拍摄，加大景区的宣传力度，多次与影视剧组和制作公司合作，主要拍摄的大型电视剧有《世纪不了情》《玉观音》等。

在 2009 年通路后的"五一""十一"黄金周，每天有大量游客前来观光旅游，游客主要是来自四川、贵州等地的散客，这也让景区看到了旅游业的良好发展前景。从 2010 年开始，游客量逐年增加，旅游发展较好时期是 2013—2016 年。

（五）旅游业发展对勐景来村的影响

最近几年，随着经济社会的发展，勐景来村再次进行了旅游开发，再加上种植橡胶和租地种香蕉，勐景来村的经济结构发生了很大转变，传统是以水稻种植为主，如今土地几乎全部出租，2005 年，每亩土地的租金为 500 元，而到 2017 年，每亩土地的租金已经超过 2500 元，村民纷纷将土地出租给种香蕉的老板，以此获得每年 2 万～3 万元的租地收入。勐景来村村民平均每家约有 300 棵橡胶树，每年胶林创造的收入达 4 万～6 万元。单纯依靠胶林和租地，勐景来村村民每年均有 6 万～8 万元的收入，相对过去，经济收入翻了好几番。

经济结构的转变引起了日常生活的巨大改变，村寨里的人常说，以前的生活太苦了，主要经济来源靠种植水稻、养猪和牛，白天要到地里干农活，回来还要喂猪、牛以及家禽，每天都有干不完的活；现在男人在割胶季节就割割胶，女人主要忙些家务活，老人带着孙子、孙女到处玩。

村寨旅游的开发一定程度上提高了村民的经济收入，村寨中有 40 多人在旅游公司上班，每个月均有 1000 多元的收入。此外，由于旅游的开发，村寨搞起了农家乐，镇上好多单位经常来村寨吃饭，村里农家乐生意都很好。此外，好多老人在游客多的时候，经常摆摊卖东西给游客，也能获得一定收入。

随着外来游客的不断融入，他们带来了各种各样的信息与文化，对村寨的年轻人影响比较大。年轻人看到哪个游客穿着很时尚，于是就上网查找相同款式的衣服，看到别人用什么手机，也跟随去买。当被问到"如果旅游公司不干涉，你也有钱了，你更喜欢建什么样的房子"时，80%的年轻人都向往建别墅，老人还是更喜欢住傣族木楼。在平时和年轻人的交谈中，他们觉得某些汉族文化更先进、更科学，他们更希望学习。

在旅游业开发给勐景来傣族村寨带来经济发展、社会进步的同时，其也存在一些不足之处。在实地调查过程中，村寨得到商业发展后，村民商业意识被强化；传统文化在旅游需求构建中不断发生变化，这些变化有的强化了传统文化在村寨中的表达，例如每年一度的泼水节，宗教仪式感加强。另外，家家户户做起农家乐，开发出傣族特色快餐桌。据景区经理说，勐景来村寨目前最需要的就是村寨民族体育参与型项目的开发，多开发民族文化深厚的民族体育项目，突出勐景来作为中缅第一寨、云南省乡村旅游特色村的旅游形象。

第二节　勐景来村体育旅游建设示范项目

一、傣族武术体育旅游项目

（一）村寨傣拳简介

傣拳是傣族传统的体育项目之一，在勐景来村的农闲季节，尤其是在盛大的节庆，傣拳都作为强身健体的表演娱乐活动在村寨入口的小活动广场举行，村寨中不少傣族男女都会舞手踏脚，摆出几个架势，但打得极好的人不多。村寨中人们所打的拳术套路大多为先人所传，有的也到勐海县学习，傣拳表演极富韵律感，柔中带刚，表演性、娱乐性很强，又极具观赏价值。在傣拳表演时，象脚鼓等传统乐器的伴奏为其增添了节律感，因此傣拳的表演现场气氛总是非常热烈。傣族人在村寨中为游客展示，且邀请游客参与体验傣拳。傣拳连贯性较强，动作多样，并需要踩着傣族传统乐器的节奏点表演，对游客而言难度较大。因此，研究组经过试验，要求傣族拳师简化分解傣拳动作，把连贯的动作分成若干步，配以相应的动作名称，并对每个动作进行简单明了的文化讲解。傣拳要成为傣族体育旅游产品，则景区内需要配备示范讲解人员、主持人员，以及镲、铓和象脚鼓等乐器的演奏人员。

（二）傣拳动作分解

1）起势：拍掌于胸前，然后双手快速拍于大腿上，右脚原地踏一步，左脚起。

2）左脚弯曲向上抬起，左手从胸前随抬起的左脚画半弧；右脚站立，右手置于右后方。

3）左脚踩地站立，右脚上前一步并向上抬起弯曲，右手向上勾起，左手置于右手臂下侧。

4）左右手交叉画圆，右脚踩地，转身180°，左脚后退一步站立，右脚弯曲抬起，左手掌位于右肩前，右拳弯曲位于右腰部后方。

5）右脚踩地，则左手掌从胸前往左前方画半弧，双脚弓步朝左前方弯曲，右拳依然弯曲置于右腰部后方。

6）身子向前倾，左膝向前弯曲，右脚伸直，左手收于胸前，则右手冲拳。

7）左右手交替旋转，随后身体向后，随之左右腿向后弯曲，右掌位于后右肩上方，左掌位于右臂下方。

8）左右手往外画半圆交替位置后，右脚抬起后退一步，弯曲蹲下，左右手也随之掌心朝下。

9）站起，左脚高抬起，左掌随之在胸前往左脚方向画半弧，左脚向前伸直，身子后倾，右脚弯曲，右掌置于后方。

10）左脚直立，身子向前，右脚向前迈一步，且弯曲抬起，左右手掌位于胸前交叉画两个圆，掌心向外。

11）右脚踩地，转身180°，左脚弓步于前方，左手位于胸前，右手推掌于前方。

12）双脚屈膝向后，双手在胸前交叉换位，右掌位于右肩上方，左掌位于右臂下方。

13）身体转90°，右脚呈90°后跨抬起，右手拍右脚，左脚弯曲站立，左手掌朝上。

14）右脚往后跨一步，身子后倾，双脚屈脚蹲下，随之，左右掌在胸前画圈交换上下位置，右掌朝上放于胸前，左掌随左脚位于下端，最后起立结束。

（三）游客运动建议

由于不需道具，游客参与傣拳较为容易，因此参与者多，场地应选在较为宽敞的地方。傣拳是一系列连贯下来的动作，表演者动作较快，因此，在教授傣拳动作时，应简化傣拳动作，分步骤，定口诀，准确讲解，最好是研究一套专门教授给游客的傣拳，这样游客的学习效果会更好。

二、傣族打谷壳体育旅游项目

（一）村寨打谷壳简介

傣族以种植水稻为主，因气候炎热，双季稻很常见。谷物脱粒后，茎秆、叶、谷壳等夹杂在谷粒中，傣族人民在长期的农作过程中发现，茎秆、叶、谷壳等杂物都较轻，可用蒲扇扇去，当谷堆表层的杂物被扇去后，人们用脚把底层的谷堆撩起翻新，再用蒲扇扇去，这样重复的动作可去除谷堆中的杂物。打谷壳的劳动动作节奏韵律非常优美。研究组把此项目开发成傣族体育旅游项目，让游客参与。

（二）游客参与打谷壳游戏的规则

这项从傣族人民田间劳作发展而来的民族体育项目，体现了傣族人民的聪明智慧与勤劳的品质。把打谷壳这一傣族民间活动以体育旅游项目的方式搬到旅游景区，是为了让游客亲身体验到傣族人民的农耕文化。在景区的打谷壳游戏中，为了使其更加适合游客参与，将谷堆分成两大堆，在谷粒中加入金色纸碎，使谷粒中的杂物较容易辨别。由于打谷壳要求参与者手脚相结合，多人参与，因此对打谷壳的次数进行限制，每个打谷壳的参与者绕着谷堆进行三次的打谷壳，哪一组最先扇除谷堆中的金色纸碎，哪一组就获得胜利。因此，在游客参与打谷壳的活动中，需要提供若干袋谷粒、金色纸碎、蒲扇，还需要讲解、示范打谷壳的工作人员、主持人员和裁判人员若干名。

（三）打谷壳动作分解

1）用右脚撩起谷堆，双手握住蒲扇，运气下沉，双腿稍微弯曲。

2）双手由右滑到身体正前方，用力扇风。

3）脚配合手的动作，翻动谷堆，转动关节扇风。

4）双手关节随之翻动，与身体配合，难度较高。

5）双手运动到另外一边，关节再次转动，出力扇风。

6）以连贯的动作，左右翻转，来回扇动，关键是手与脚的配合，如此围绕谷堆，用右脚撩起谷堆，重复进行。

（四）游客运动建议

第一，挑选穿运动鞋等方便活动的鞋子的游客参与，因为穿高跟鞋等不方便活动的鞋子的游客容易在此活动中受伤；第二，在游客参与活动的过程中，主持人可介绍一下打谷壳的基本情况，让游客了解打谷壳。

三、傣族象脚鼓舞与丢包组合体育旅游项目

（一）村寨象脚鼓舞与丢包简介

象脚鼓舞是傣族最具有代表性的舞蹈之一，具有表演性和观赏性。象脚鼓舞对步伐、击鼓手法和鼓点节奏的把握要求较高，且象脚鼓有一定的重量。因此，在旅游景区内，以传统的象脚鼓舞的表演为主，表演后，有兴趣的游客可体验、学习较为简单的象脚鼓舞动作。丢包是傣族情感文化中的一部分。在旅游景区内，把丢包和打象脚鼓相结合，犹如女子的优美和男子的刚健相结合，使丢包体育娱乐难度得以升级。游客在感受傣族青年男女的情感文化的同时，更能享受到丢包和打象脚鼓带来的乐趣。需要的道具包括花包、象脚鼓、镲、铓。

（二）象脚鼓舞与丢包动作分解

1）将象脚鼓背跨于左侧并架于左侧大腿上，左右脚跟着镲、铓节奏交替屈脚向前踢，左手轻放于鼓面上，跟着镲、铓的节奏，右手手掌朝鼓心处快速敲打两下，第三下则较重，随之左手敲打一下。跟着镲、铓的节奏，重复打鼓。若参与者多，可变化队形。

2）打鼓节奏如上，左脚呈弓步，多人围成圈，象脚鼓向内；接着右脚呈弓步，象脚鼓向外。如此重复多次。

3）将象脚鼓围圈，向外跳击象脚鼓，或者敲打象脚鼓变队形，可变成圆形、一字形等队形。

4）拍打象脚鼓十下后直立，放下象脚鼓，游戏小组排成纵队，队与队之间开始击打象脚鼓和丢包比赛。

5）打鼓方接到花包后，右手拉着花包的挂线，在右手侧空中旋转甩臂、甩花包，然后用甩臂的惯性把花包朝丢包方丢过去。双方都接到花包，算一分。打鼓方再打鼓十下，丢包方再向打鼓方丢包，如此重复，在一分钟之内，哪一对得分最多，则为赢者。

6）在打鼓方即将打完十下之际，丢包方开始右手拉着花包的挂线，在右手侧空中旋转甩臂、甩花包，然后用甩臂的惯性把花包朝打鼓方丢过去。

7）打鼓节奏如上，双脚弯曲站立，身体稍向后倾，而后身体稍向前倾。前后交替几次。

（三）游客运动建议

1）在欣赏象脚鼓舞的过程中，主持人可向游客介绍关于象脚鼓和象脚鼓舞的知识。

2）在教授象脚鼓舞前，应告知游客如何背挎象脚鼓，以防游客因不知如何使用象脚鼓而受伤。

3）把打鼓和脚步分开教授，把打鼓节奏简化为拟声词或者口号，让游客易于明白象脚鼓的鼓点节奏。游客能基本学会鼓点节奏即可。

4）在丢包和打象脚鼓的活动过程中，主持人可向游客介绍丢包的基本情况，让游客了解傣族丢包。

5）丢包需要一个无房顶的空旷空间，不然花包容易挂在房顶上。

四、傣族团结舞体育旅游项目

（一）团结舞简介

傣族舞蹈中的团结舞是我国传统舞蹈文化中的重要组成部分，展现了傣族的社会风貌和积极向上的生活。团结舞是集体舞蹈，具有很强的带动性，动作重复，简单多样且易学。听到镲、铓及象脚鼓的节奏，人们就会自然而然地跟随领舞者加入队伍中跳起来。在旅游景区内，由若干个领舞者带领游客围成一个大圈而跳。

团结舞的每个动作都比较简单，游客跟着领舞者便能学会。景区需要领舞者、主持人，以及镲、铓和象脚鼓演奏者。

（二）团结舞动作分解

1）跟着镲、铓和象脚鼓的节奏，左脚向前一步脚尖点地，右手向上弯曲抬起，手呈兰花指由内向外转一圈；然后右脚向前一步脚尖点地，左手向上弯曲抬起，五指张开翘起，手腕转圈。如此手脚交替向前。

2）跟着镲、铓和象脚鼓的节奏，左右脚交替向后抬起，再向前迈步，两手五指张开翘起，右手向前推出则左脚向前跨步，左手弯曲向上则右脚微屈膝站立，然后左右手、左右脚交替。节奏在第四拍时，右脚向后微屈停顿一下，左脚向前，左手向前推出，右手向上弯曲。四个拍子为一循环。

3）跟着镲、铓和象脚鼓的节奏，左右脚交替向前屈膝抬起，脚尖点地，向前行进。左右手同时向左或向右，手臂成弧形，五指张开翘起，手腕转圈。若双手向左则身体稍向左倾，若双手向右则身体稍向右倾。如此交替向前。

4）左右手臂弯曲成弧形向右，五指张开翘起，手腕由外向内转，则左脚向前迈步；双手在胸前合十，则右脚向前迈步。如此循环向前。

（三）游客运动建议

1）一个领舞者在圆圈的中心，示范舞蹈，如此每位游客都能清楚地看到团结舞舞步的变化。队伍前面也需要若干领舞者，带着游客跳团结舞。

2）在舞蹈过程中，主持人可向游客介绍团结舞的由来等基本情况。

安会文. 2010. 牟定彝族左脚舞文化的多元开发浅论. 楚雄师范学院学报, 25 (12): 21-25.

车婷. 2014. 浅析云南傣族孔雀拳的发展与流变. 当代体育科技, 4 (22): 139-140.

陈辉, 饶远, 黄宇芳, 等. 2008. 云南少数民族体育资源产业化的 SWOT 分析与策略. 山西师大体育学院学报, 23 (1): 56-58.

陈炜, 文冬妮. 2011. 广西少数民族传统体育旅游开发的适宜性评价研究. 成都体育学院学报, 37 (10): 42-46.

陈亚颦, 马黎, 张丹宇. 2008. 对傣族民间舞动态意象演变的结构阐释. 云南民族大学学报 (哲学社会科学版), 25 (3): 45-48.

邓开民. 2012. 云南少数民族传统体育旅游资源开发利用研究. 北京体育大学博士学位论文.

丁艳秋, 赵惠, 杨鸿黎, 等. 2013. 云南省楚雄市区少数民族传统体育旅游开展现状调查. 当代体育科技, 3 (14): 93-95.

董金辉. 2013. 云南跨境民族的传统体育交流——以云南省江城哈尼族彝族自治县为例. 玉溪师范学院学报, 29 (3): 66-68.

冯强. 2012. 佤族民俗体育文化的特质及传承范式. 体育文化导刊, (6): 134-137.

冯强. 2016. 佤族节庆民俗体育活动的现代适应研究. 体育文化导刊, (6): 74-77.

高圆媛. 2013. 云南省少数民族体育旅游资源分布特征与开发策略选择. 沈阳体育学院学报, 32 (4): 54-57.

胡海胜. 2004. 广西民族体育旅游开发研究 (之一). 广西社会科学, (6): 86-87.

黄彩文. 2015. 从村寨祭祀仪式到民族法定节日: 云南耿马佤族青苗节的变迁与重构. 西南民族

大学学报（人文社会科学版），（5）：48-52.

黄顺明，杨峻，刀江云. 2013. 普洱市孟连县傣族武术刀术的渊源及传承研究. 当代体育科技，3（29）：159-160.

李会明，余虹. 2009. 佤族传统体育项目的发展现状及对策研究. 军事体育进修学院学报，28（2）：28-30.

李静文. 2011. 陀螺运动的健身娱乐价值研究. 科技信息，（28）：279-280.

李晓通，李开文，陈永兵. 2014. 云南少数民族传统体育旅游开发探索. 体育文化导刊，（8）：107-110.

李延超，饶远. 2006. 傣族传统体育的水文文化特征探源. 体育文化导刊，（9）：90-91.

刘婷. 2015. 休闲民俗与文化传承——以哈尼族、彝族和傣族的艺术事项为例. 云南大学博士学位论文.

刘正荣，罗思远. 2001. 论地理环境对云南少数民族传统体育的影响. 楚雄师范学院学报，16（4）：115-116, 119.

卢永雪. 2016. 少数民族传统体育旅游的开发模式研究. 贵州民族研究，37（10）：182-185.

罗群，陈媛. 2015. 试论南涧"跳菜"文化的传承与保护. 旅游纵览，（1）：134-137.

明庆忠，刘坚，王德义. 1998. 云南民族体育旅游产业化研究. 社会科学家，（6）：47-51.

欧云海. 2012. 云南红河哈尼梯田体育旅游实施方案. 北京体育大学硕士学位论文.

欧云海，方成军，苏荣辉，等. 2012. 红河哈尼族彝族自治州体育旅游的 SWOT 分析. 红河学院学报，10（6）：123-125.

番丽玲. 2009. 从传统的游戏到表演——石林彝族摔跤文化的变迁. 体育世界(学术版)，（2）：64-66.

潘顺安. 2007. 中国乡村旅游驱动机制与开发模式研究. 东北师范大学博士学位论文.

钱吴永，党耀国，熊萍萍，等. 2008. 基于灰色关联定权的 TOPSIS 法及其应用. 系统工程，27（8）：124-126.

饶远，赵敏敏，张玉文. 2008. 开发我国少数民族体育旅游资源深层思考. 云南师范大学学报（哲学社会科学版），（5）：69-73.

任蓓. 2016. "互联网+"背景下高端定制式民族体育旅游发展模式研究. 重庆理工大学学报（社会科学版），30（8）：60-66.

施思. 2015. 云南省西双版纳州傣族武术的发展研究. 北京体育大学硕士学位论文.

孙柱兵. 2016. 基于 SWOT 分析的黔西北彝族体育旅游资源开发研究. 红河学院学报，14（4）：

25–28.

谈剑. 2006. 红河哈尼族彝族自治州体育旅游现状与资源开发的研究. 浙江体育科学, 28(4):
    7–9.

汤立许. 2011. 我国民族传统体育项目分层评价体系及发展战略研究. 上海体育学院博士学位
    论文.

唐波, 梁健, 郭亚飞. 2007. 哈尼族体育文化思想的历史变迁——从哈尼族秋千、武术、摔跤项
    目的演进看哈尼族体育文化特质的流变. 吉林体育学院学报, 23（1）: 24–25.

陶翠香, 何卫东. 2012. 佤族拉木鼓发展演变探析——寻求其在现代社会传承和多元化发展之
    新思路. 当代体育科技, 2（21）: 80–82.

田琳. 2015. 旅游那达慕一场草原的盛大约会. 中国旅游报, 2015–07–08, C6 版.

汪洋. 2015. 边境地区少数民族非物质文化遗产的传承发展与国家软实力提升研究. 云南大学
    硕士学位论文.

王惠敏, 王常龙. 2010. 我国民族传统体育顶杠类项目的保护和开发. 体育文化导刊, （11）:
    151–155.

王振. 2013. 基于 RMP 分析的黔东南苗侗民族体育旅游产品开发研究. 成都体育学院硕士学位
    论文.

魏丽萍. 2015. 云南省景谷县彝族打陀螺活动的形成、演进与发展研究. 云南师范大学硕士学位
    论文.

魏云花, 焉安庆, 徐宜芬. 2007. 对竹竿舞引进大学公共体育教学的探讨. 贵阳学院学报（自然
    科学版）, 2（3）: 49–52.

文斌, 张小雷, 杨兆萍, 等. 2016. 基于 ASEB 栅格分析的新疆民族体育旅游产品开发研究. 河
    南师范大学学报（自然科学版）, 44（1）: 180–183.

夏国滨. 2015. 傣族孔雀拳研究. 体育文化导刊, （2）: 91–94.

谢久玲. 2016. 基于 AHP 方法的长株潭体育旅游资源评价研究. 湘潭大学硕士学位论文.

许环炯. 2015. 跳竹竿教与学过程的三个阶段. 教师, （14）: 43.

岩峰. 1999. 傣族文化大观. 昆明: 云南民族出版社.

杨彩虹, 党玮玺, 王东晓. 2009. 甘南州高原少数民族传统体育旅游发展的 SWOT 分析. 河北
    体育学院学报, 23（3）: 90–92.

尹立军, 叶全良. 2011. 民族旅游地经济获利与文化保护的互惠研究——基于认真旅游者的角
    色探讨. 内蒙古社会科学（汉文版）, 32（4）: 77–81.

余炳武. 2016. 佤族传统文化传承创新初探——以云南沧源司岗里"摸你黑"狂欢节为例. 学术探索,（9）: 136-144.

余贞凯. 2010. 原始宗教情结下的哈尼族民俗体育文化特征. 玉溪师范学院学报, 26（11）: 43-47.

余贞凯. 2013. 以村寨为依托的哈尼族体育文化研究. 玉溪师范学院学报, 29（9）: 10-15.

元旦旺久. 2015. 西藏体育旅游资源评价与开发研究. 西南交通大学硕士学位论文.

袁书琪, 郑耀星. 2003. 体育旅游资源的特征、涵义和分类体系. 体育学刊, 10（2）: 33-36.

张帆, 郑玲玲. 2015. 佤族"鸡棕陀螺"的传承与保护. 玉溪师范学院学报, 31（4）: 67-69.

张华明, 滕健. 2006. 民族村寨旅游开发的 CCTV 模式——以西双版纳"中缅第一寨"勐景来为例. 贵州民族研究, 26（3）: 97-103.

张黎临. 2016. 滇西南象脚鼓与象脚鼓舞的演进及流播研究. 云南艺术学院硕士学位论文.

张志臣. 2014. 云南傣族武术的历史沿革与发展变迁研究. 成都体育学院硕士学位论文.

张志贤. 2014. 红河流域哈尼族传统体育文化的融合与发展研究. 成都体育学院硕士学位论文.

赵富荣. 2005. 中国佤族文化. 北京: 民族出版社.

赵世林, 田婧. 2010. 民族文化遗产的客位保护与主位传承——以傣族国家级非物质文化遗产保护为例. 云南民族大学学报（哲学社会科学版）, 27（5）: 52-56.

赵晓江, 杨泠泠. 1993. 佤族的射弩. 云南民族大学学报（哲学社会科学版）,（3）: 73-74.

钟学思. 2008. 桂林体育旅游开发模式研究. 广西师范大学硕士学位论文.

钟学思. 2010. 国内外现有体育旅游开发模式对桂林体育旅游的启示. 市场论坛,（10）: 70-72.

钟学思, 陈薇. 2006. 民族体育旅游类主题公园开发 SWOT 分析及策略选择——以广西桂林为例. 沿海企业与科技,（10）: 116-118.

周红. 2006. 浅谈彝族火把节及其文化内涵. 文山高等师范专科学院学报, 19（3）: 14-17.

朱晓辉. 2006. 云南红河流域民族文化旅游资源开发研究. 云南师范大学硕士学位论文.

朱宜初. 1980. 傣族的"赞哈"及其习俗歌. 西南民族学院学报（人文社科版）,（2）: 61-66.

附录

云南少数民族体育旅游资源产品化
开发评估专家调查表

尊敬的专家:

　　您好! 本人在做云南少数民族体育旅游资源产品化开发的研究工作, 鉴于您在云南少数民族体育旅游资源研究方面的学术影响力, 恳请您在百忙之中帮助填写一下调查表。在此衷心感谢您给予我们的帮助和支持!

　　填表说明: 以第一组因素相对重要性判断为例, 对于云南少数民族体育旅游资源进行评价, 请您用两两比较来判断体育旅游资源评价的 4 种因素 (①少数民族体育旅游资源产品化开发的价值; ②少数民族体育旅游资源产品化开发的条件; ③少数民族体育旅游资源产品化开发的环境与场所; ④少数民族体育旅游资源产品化开发的产品) 的相对重要性。例如, A (少数民族体育旅游资源产品化开发的价值) 与 B (少数民族体育旅游资源产品化开发的条件) 同等重要, 则在 "A/B (比值)" 一栏内填写 "1", 如果您认为 A (少数民族体育旅游资源产品化开发的价值）比 B（少数民族体育旅游资源产品化开发的条件）"稍微重要"，则在"A/B（比值）"一栏内填写"1.1～1.2"，所有比较以此类推。对每一类问题，请先认真阅读后再回答。非常感谢您的合作和支持。

请判断云南少数民族体育旅游资源产品化开发评价的 4 种因素的相对重要性。

两两比较判断的因素	A 少数民族体育旅游资源产品化开发的价值　B 少数民族体育旅游资源产品化开发的条件	A 少数民族体育旅游资源产品化开发的价值　B 少数民族体育旅游资源产品化开发的环境与场所	A 少数民族体育旅游资源产品化开发的价值　B 少数民族体育旅游资源产品化开发的产品	A 少数民族体育旅游资源产品化开发的条件　B 少数民族体育旅游资源产品化开发的环境与场所	A 少数民族体育旅游资源产品化开发的条件　B 少数民族体育旅游资源产品化开发的产品	A 少数民族体育旅游资源产品化开发的环境与场所　B 少数民族体育旅游资源产品化开发的产品	
同等重要							
稍微重要							
明显重要							
……							
A/B（比值）							

请判断影响云南少数民族体育旅游资源产品化开发价值的 2 种因素（①资源功能；②资源丰度及安全性）的相对重要性。

两两比较判断的因素		同等重要	稍微重要	明显重要	……	A/B（比值）
A 资源功能	B 资源丰度及安全性					

请判断影响资源价值评价中资源丰度及安全性的 3 种因素（①多样性；②完整性；③风险性）的相对重要性。

两两比较判断的因素		同等重要	稍微重要	明显重要	……	A/B（比值）
A 多样性	B 完整性					
A 多样性	B 风险性					
A 完整性	B 风险性					

注：其他因素相对重要性两两比较判断表同上并省略